Martin Walser
SPÄTDIENST

Bekenntnis
und Stimmung

Mit Arabesken
von Alissa Walser

ROWOHLT

1. Auflage Dezember 2018

Umschlag- und Innen-Arabesken Alissa Walser
Layout und Satz Fagott, Ffm
Gesetzt aus der Bauer Bodoni
Druck und Bindung CPI books GmbH, Leck
ISBN 978 3 498 07407 4

Für Gegner:
ein gefundenes Fressen

Für meine Leser:
vielleicht ein Ausflug
ins Vertraute

Ich möchte sein wie ein Wunsch,
auf der Schwelle möchte ich stehen,
ein Tag sein vor seinem Anbruch,
noch nicht gewesen sein möchte ich.

Die Ohren schutzlos in der Welt,
barfuß im Traumsamt, verwöhnt
von Religion und Märchen,
leugne ich täglich den Tod.

Widersprüche graben in mir
nach Wahrheit und finden
sie nicht. Ich segle solang
lustig ins Licht.

Übermorgen öffne ich
meine Stirn und lasse
das Brausen heraus,
dann schließe ich meine Stirn
und lege mich schlafen
unter des Traumbaums
entlastete Äste.

Außer Februar nichts,
nichts als Donnerstag
halb acht
und ich.

Meine Herren, hissen Sie die Fahne,
ich knie nieder,
auf meinem Nacken wächst der Mohn,
den Sie fotografieren können.

Streng steht mir Großmutters Nase
und stumm im Gesicht,
auf eine eigene hoff ich nicht mehr.
Großmutters Nase, sage ich,
wie geht es?
Bist du noch da?
Dann so ein Schnauben, von mir,
der Großmutters Nase zum Schnauben benützt.
Großmutters Nase zu tragen
und weiter zu geben makellos
bin ich bestimmt.
Atemziehend wittere ich das
mit Großmutters Nase.

Mir hängt ein Amulett am Hals,
das gab mir meine Mutter,
ich sollte nie ertrinken.
Nun hat es sich vollgesogen
und zieht mich hinab.

Wie klingt die Zeit im Gewölbe der Nacht?
Möchte etwas befreit sein?
Meine Ohren täuschen sich gern,
sie übersetzen den Wind ins Deutsche
und geben der Stille das Schlusswort.

Die Katze liegt anheimgegeben,
ihr Atmen hebt und senkt
den Bauch der Welt, die Stille
liebt den Möwenschrei.

Ich habe nichts vor,
ich werde nicht handeln,
versäumen werde ich,
unnütz,
und aussagen,
feierlich,
meine Geständnisse.

Mehr Wagnis als Verlust.
Das Leben gehört zu uns,
der Tod nicht. Holz eine Tracht.
Siege Gewohnheit. In Scharen
kapitulieren die Rätsel. Das Heilige
in der Vitrine. Kein Fluss
unüberquert. Jetzt warten wir
auf die langsame Seele.

Am meischte bin i dahuomm i deana Wirtr vu friar,
wo i ezz numma heer. Friar hodd ma zu friar au idd
friar gseed. I de sell Zidd hodd ma friandr gseed.
I deara Zidd bin I dahuomm, bloss ka nes kuom me saga.

Mein Wunsch hat hundert Hände,
so vielfingrig ist er,
aber nur zum Spiel, nicht
um sich zu erfüllen.

Ich darf nicht anfangen,
Wörter, die nichts zu tun haben,
gibt's immer,
meine Wörter sind's.

Der März trumpft auf,
die Sonne stürmt,
ich schwanke geblendet,
Kälte hält mich,
um mich schwebt
nicht ernst gemeinter Schnee.

Ich möchte aus Marmor sein, und wenn sie mich schlügen, glänzte ich.

Ich klettere an mir empor
wie ein Affe,
um größer zu sein,
als ich bin.
Von oben sehe ich,
wie klein ich bin.

Seufzen wie die Osterglocken,
jammern über das eigene Gelb,
Vorhänge zuziehen im Geist,
Türen zuwerfen, die schon lang
nicht mehr offen waren. Abbegehren.

Schwere Last, selbst gefertigt,
grün wiehert die junge Welt,
kämpferisch scheint alles,
meins ist gezählt.

Möchte vergangen sein wie Schnee,
mitgeteilt dem See,
viele Mal gefroren, viele Mal getaut,
abwesend ohne Laut.

Ich möchte betrunken sein von diesem Sturm
und in einem Traum verschwinden,
in dem es keine Menschen gibt, ich möchte
künstlich sein und mich nicht befinden.

Silberne Mähnen wehen von den Hälsen
eingebildeter Pferde; wie eine Musik entsteht,
wird vorstellbar; der Himmel erklärt sich
für einen einzigen Augenblick,
der Sinn der Schöpfung bin ich,
zum Sterben geboren, ich muss
lachen. Muss ich nicht? Ich muss.

Ich bin viel weniger dagegen,
ich bin fast dafür,
auch für den Regen
und das Geschwür.

Ich reite im Kreis herum,
ich streichle die Mähne,
ich verstumme,
ich wähne.

Ostern, schönes Feuilleton
aus Blut und Blüte,
du, das feiern wir!
Statt Golgatha, Verdun und Auschwitz
lassen wir diesmal
holzschnitthaft Hué herkommen
und sagen keinem hierzulande nach,
dass er diesen Krieg andauernd billigt,
sagen das nicht der CDU nach,
die diesen Krieg andauernd billigt,
sagen das nicht der SPD nach,
die diesen Krieg andauernd billigt,
wir feiern vielmehr
feierlich statt
Golgatha, Verdun und Auschwitz
diesmal Hué.
Gegenlicht-Ruinen …
annamitische Passion.
Der du für uns zusammengebombt
bist worden …
Irgendwo geht einem doch immer wieder
irgendwie ein Palmkätzchen auf.
Wer höbe da den ersten Stein
und würf' ihn.
Tief genug geschleudert,
will Deutschen alles Honig werden.

Ich bin an den Sonntag gebunden
wie an eine Melodie,
ich habe keine andere gefunden,
ich glaube nichts, und ich knie.

Heiter verzweifelt wird telefoniert,
meine Ignoranz ist ein großer Saal,
Blumenschlucken übe ich dem Atem zulieb,
abends trete ich auf als Blauer Reiter.

Lass nur,
du wirst schon sehen,
und bald,
du kannst dich drehen,
jung oder alt,
du wirst dich noch wundern,
wie bald.

Morgen geh ich, fahr ich, morgen
bin ich nicht mehr, wenn gefragt
wird, ob ich, bin ich nicht mehr,
falls gefragt wird, hier.

Ich halte den Schmerz gut aus,
es gibt Möglichkeiten,
ich lasse mich gehen,
als wär ich ein Aquarellist.

Regen könnte mir einfallen, vielleicht sogar
Regen. Wenn ich Glück habe, Regen,
aber in meiner Lage bin ich schon
dankbar, wenn mir bloß Regen einfällt.
Es muss ja nicht immer gleich Regen sein.
Zur Not genügt auch Regen.

Die Geneigtheit der Umgebung,
das Gutenmorgengeräusch der Gegenstände,
die eingebaute Erinnerung beginnt wie
wild zu klirren, Frost oder Fieber,
es schüttelt mich, du bist ein Riese,
flüstert das Inventar, ach Majestät,
macht der Papierkorb, ich bitte die Tapete
um Aufnahme, es wird mir ein Platz
angeboten im Muster, ich will
in die Musik,
man wird mich hören.

Das Jahr stürmt in den Mai hinein,
die Buchen stehen in hellen Flammen,
ich sage sehr geschraubt: Oje, und suche
des Schattens tiefste Stelle.

Von meinem Schmerz kann man nicht reden, er ist zu klein.
Aber schweigen kann man von ihm.

Ich liebe den Leerlauf des Winds
durch die Bäume, das Rauschen
für nichts. Mich ergreift die Eitelkeit
der Wolken, die den Augenblick
beherrschen wie für immer
und dabei schon vergehen.

Am besten ist es, durch fremde Städte zu gehen,
Bekannte, die man hat, nicht anzurufen,
die Karten fürs Theater zu kaufen,
die Vorstellung zu versäumen,
die Süße der Todesidee zu kosten
wie etwas, woran man nicht glaubt.

Ich konnte kein Kursbuch lesen,
jetzt komm ich an wie geplant,
aber unterwegs weiß ich nicht,
fahre ich hin oder zurück.

Eine Laune. Dann keine mehr.
Aus einem beweglichen Schatten
wird reglose Nacht. Noch ächzt
das Gewölbe aus Gedankenstahl.

Ich sitze auf gestohlenen Kissen,
ich esse Gestohlenes,
ich bin heikel, skrupellos
und traurig, mein Appetit ist gut.

Ein Fürst wie ich, ein fetter Hund.
Köchen Heil zurufend,
die Lippen mein Lebendigstes,
mein Totestes mein Ich.

Nichts gegen Eichen, nichts gegen Linden,
überhaupt Bäume, Bäume sind schön,
wir können schon etwas empfinden,
ohne gleich in die Knie zu gehen.

Ein neues Deutschlandlied wäre fällig.
Keiner von uns wird dabei sein,
wenn es wieder Deutschland heißt,
solange wir sind, werden es zwei sein,
eines, das kratzt, und eines, das beißt.

Sag etwas Glückliches, zähle auf,
dass dir nichts weh tut,
du nicht frierst, nicht hungrig bist,
dass die Konten blühen, dass du
frei bist, zu tun und zu lassen,
und dass das alles ein jähes Ende haben wird.

Jeder Tropfen trifft ein Blatt,
alle Autos schnüren ein Geräusch,
ich verbreite Stille, der Tod
lebt in der Schneise.

Ich teile das grüne Glas
des Sees und schwimme
den Perlen nach und frage,
ob das das Glück sei.

Leise sein
im grünen Schirm,
und Wasser färbt die Luft,
Schmetterlinge sticken dem Tag
das Leuchten ins Kleid,
was ich nicht sehe, gibt es nicht.

Die Straßenbahnen fahren auf mich zu,
angefüllt mit Feinden,
jeder Zeitungsverkäufer bietet mir ein Todesurteil an,
Äpfel faulen, wenn ich sie anschaue,
das Jahr verkommt,
selbst Tauben richten Gewehre auf mich.

Ich wünsche eine tiefere Nacht,
eine Entschuldigung für alles,
denn alles bedarf der Entschuldigung,
Entschuldigung ist eine Farbe,
ausgeschüttet über alle anderen Farben.

Ich wünsche, Zeuge zu sein
des vulgären Gesprächs zweier Sterne
und aller Lügen, die man jetzt gerade glaubt,
denn der Missbrauch der Worte ist geheiligt,
nur die Wahrheit trägt das Totenschädeletikett.

Was ich, weil ich zögere, nicht mehr erreiche, ist, sobald ich darüber nachdenke, etwas, was mich ausstattet.

Bei den Amseln sieht das Vögeln aus wie Streit,
erst wenn sie danach zum selben Ast hochfliegen
und stumm herabschauen auf den Kampfplatz,
merkt man, dass man nichts versteht.

Man muss etwas tun, das einen nicht daran denken lässt, dass man lebt.

Von Mal zu Mal werden wir
die ganz genau Auszurechnende,
die Hoffnungslosigkeit,
in Musik ausgedrückt,
als etwas Besonderes erleben.

Man müsste mehrere Gedichte machen
und zuschauen, wie sie entstehen,
vielleicht könnte man dann im Löwenrachen
die Eiterbläschen sehen.

Jede Angina ist ein Gedicht,
acht Tage entsteht sie,
acht Tage geht sie,
aber sie reimt sich nicht.

Wahnsinn, schönes Wort,
Weißglut, schönes Wort,
schönes Wort Irrsinn,
schönes Wort Geduld,
Anfang, schönes Wort,
schönes Wort Ende,
Liebe, schönes Wort,
schönes Wort Hass.

Ich bin ein angebundenes Tier, das so tut, als möchte es gern frei sein, während es mit Genuss die Gefangenenkost frisst.

Ich bin allein und juble
und weiß nicht, warum.
Ich habe so viel Luft, wie ich brauche,
ich spüre das Leben wie eine Kraft,
und jeder Baum träumt, dass es Sonntag sei.

Unter aufgeschriebenen Himmeln wohn ich aufschauend,
einschläfernd schlürft der See übers Kies,
wie soll man sich benehmen
in diesem Zermalmungstheater?
Ratlos geht die Sonne unter.
Ebne dem Ende den Weg!

Hab ich alles falsch gemacht in meinem Leben?
Es war auch nicht mehr Zeit als zwischen Essen und Kaffee,
ich tilgte einen Fehler mit dem nächsten.
Ich habe nicht bestanden. Schluss.

Wenn ich in meinen Wäldern bin,
schau ich an den Stämmen entlang,
bis der Blick gefangen liegt
im Käfig abnehmenden Lichts
und ich nichts mehr weiß.

Das Tischtuch fault,
die Wände glühen,
der Kreuzweg ist ein Cartoon,
es gibt keinen Gewinn.

Ich esse die Seife, die
sie mir tagsüber reichen,
ich kratze das Licht von den Wänden,
biege die Straßen aufwärts zum Himmel,
zünde den Stieren die Hörner an
und befrei' die Häuser
von ihren Dächern.

Atmen zählt, da sein
spannt. Du wiegst
und träumst. Schweigen
schützt. Du fühlst dich ganz.

Ich sollte nicht angerufen werden können. Ich verlange furchtbare Rechte.
Gewöhnliche Umstände will ich nicht aushalten können.

Zu Ihrem
wünsch ich Ihnen
von ganzem
jede Menge
bleiben Sie noch
Hans Mayer

Gesundheit, also Wörter, grüne Fische,
junge Jünger, leckere Feinde, Konjunktive
gegrillt, wasserdichte Schuhe, jeden
Morgen von der Zukunft einen Brief,
auf dem Flugplatz niemals Nebel.

Möge Ihnen
sei vergönnt
von ganzem
jede Menge
bleiben Sie noch
Hans Mayer

Gesundheit, also junge Wörterfische,
wasserdichte Jünger, leckere Konjunktive,
gegrillte Feinde, grüne Schuhe, jeden
Abend einen Anruf von Hegel,
auf dem Flugplatz niemals Nebel.

Draußen rauscht die Sonne
durch die grüne Welt,
ich lieg in meinem Kopf
in einem weißen Zelt.

Der Wunsch, etwas Schönes zu machen, nimmt zu an diesem gleißenden Tag, die Fähigkeit nicht. So wächst Unglück.

Wenn die Wörter kleine Tiere wären, die man pflegen kann mit der Illusion, unsterblich zu sein.

Zwischen grünen Juniwällen
durch den Sonnentag, Plakate
geben das Letzte, Einflussreiche sind
immer Verbrecher. Sahne ich ab?

Unsere Lage wäre um nichts phantastischer, wenn sich plötzlich herausstellte, dass unser ganzes Universum eine einzige Leber- oder Hautzelle eines Lebewesens wäre, das in seiner Welt zu den Kleintieren zählt. Manchmal kommt es mir vor, als sei man in einer verhornenden Zelle meiner Fußsohle gerade dabei, das Frauenwahlrecht einzuführen, und einen höre ich reden von der Unantastbarkeit des privaten Eigentums.

Ich kann angesichts des Neugeborenen nichts anderes werden als fromm. Sagt die Frau. Es gibt, sagt sie, nichts Größeres als dieses Kleinste. Alles andere ist schon um das verdorbener, als es älter ist. Das Anschauen des Kleinsten fühlt sich an wie Gebet.

Jeder produziert so viele Autos, Bücher, Hemden,
Herde, wie er kann, damit alle anderen
aufhören müssen, Autos, Bücher, Hemden, Herde
zu produzieren. Aber alle anderen produzieren
auch Autos, Bücher, Hemden, Herde
auf Teufel komm raus.

Zuerst stirbt, wenn es zu schnell geht, die Frömmigkeit, dann die Farbe, dann der Geruch. Zuletzt fährt ein totes Monstrum durch die Öde und beklagt sich.

Ich möchte gern Gedichte waschen,
ich perverser Mensch ich,
dann erst würf ich meinen Hut
in die Luft, in der die Gedichte
zum Trocknen hingen, nachher
sähe ich, dass die Konjunktive eingegangen sind.

Die Tage vergehen von selbst,
ich mische mich nicht ein,
ich bin ein Fleck, der trocknet,
ich werde gewesen sein.

Segeln wir noch um das Kap der Finsternis,
Ahnungslosigkeit beflügelt,
von den Würmern wissen wir,
dass sie warten auf uns,
Geduld braucht keine Beine.

Sich nicht regen. Sitzen und vergehen. Schneller als normal. Beschleunigung des Vergehens, mehr nicht. Schön, dass der halbe Juni schon vorbei ist. Wie ein Bad ausläuft. Am Schluss scheint das Wasser nicht schnell genug in den Abfluss kommen zu können. Das ist viel schöner, als wenn das Wasser sich wehren würde. Das wäre lächerlich, Wasser, das sich dagegen wehrt zu verschwinden.

Das größte Glück ist, wenn ich jemanden anrufe und ihn nicht erreiche.

Andere Leute loben, das hättest du bei meiner Mutter lernen können. Sagt die Frau. Sie wäre gern Begleiterin geworden. Ich wäre gern Sänger geworden. Ich Sänger, sie Begleiterin, eine Paar-Utopie.

Um die Schnauze wächst mir ein Samt, den ich nicht mag,
darum hör ich mich nicht in dem, was ich sag.

Keine Melodie ist mein, keine Flagge,
die Vögel ächzen, als trügen sie die Welt,
andere haben sich von Brücken gestürzt
oder sind besoffen verbrannt,
hochmütig haben sich welche in den Mund geschossen,
Flieder, dufte nicht, als gebe es nur dich!

Lieber wäre ich klug und lebte
das Leben als ein Lebendiger,
aber immer stoße ich auf das Gebot,
auf den Tod als Toter zu warten.

Lass mich, was es nicht gibt, erfinden,
bei gelöschtem Licht die Augen schließen,
Schöneres als Vergessen gibt es nicht,
ich schlüpf aus den Schuhen der Erinnerung
und erfinde Schmetterlinge aus Blei.

Silbersilben schickt der Bach ins Tal,
von des Bodens simpler Neugier begleitet,
gleißend entwirft die Sonne ein System
des Glücks ohne Bleibe.

Es sei einer Blume der Kopf
so schwer geworden vom Denken
über die Wurzel, dass die Wurzel
heraufgeschrien habe.

Dein Feind ist ein guter Mensch, ein Mensch, dem man fast nichts vorwerfen kann. Er ist nicht makellos, aber seine Fehler sind so sehr durch seine Vorzüge bedingt, sind für sein allgemein anerkanntes und beliebtes Talent so ganz und gar notwendig, dass jeder bereit wäre, diese Fehler zu verteidigen, als wären's seine eigenen; auch ich. Es ist also besser, ich hasse mich. Das wird mir leichter fallen.

Meine Hände wollen nichts mit einander zu tun haben. Ich bin verpflichtet zusammenzugehören. Aber eine Melodie bin ich nicht. Schwer bin ich. Schwer wie ich.

An einer Unabänderlichkeit herumdenken. Im Konjunktiv. Das ist die natürliche Redeform für das Unabänderliche. Im Irrealis. In der Unmöglichkeitsform. Konjunktiv Perfekt. Wenn ich etwas getan hätte, hätte ich etwas getan.

Alle sind nur noch hautanliegend gekleidet. Was sie bei sich haben wollen, müssen sie in umgehängten Taschen mit sich tragen. Manche sind schon ganz überhängt von umgehängten Taschen.

Hätte eine Hand
nicht eine Hand ergriffen,
wer weiß, was,
so aber,
ach ja,
vor Standesamt und Schwurgericht manchmal
sehen einander zwei an
und versprechen sich,
ach ja,
über dem Mond
oder unter ihm
wäre noch Platz für etwas,
wenn noch etwas ohne Platz wäre.
So aber bleibt der Platz leer,
weshalb Gedanken möglich sind.

Lass alles weg, was du nicht kannst, dann bist du gut.

Wie eine Wiese für sich sein,
wild werden dürfen und unnütz,
aber ein Bach sollte durchfließen,
zwei Ufer wären dann im Gespräch.

Wir sind nicht die, die wir scheinen. Jeder verstellt
sich dem Nächsten zulieb. Auch will er bleiben.
Der Wind wird an Häusern laut, in denen es still
ist. Die Kälte klingt auf wärmebergenden Mauern.
Lieber träumen wir alles, als dass wir es sagen.

Ich möchte gern ein herbstliches
Rennen geritten haben, querfeldein
und nebelnass und dünstereich,
zurückgekehrt an ein Feuer mit Kessel
und unverfänglichen Reden.

Jetzt schüttet die Sonne echtes Gold auf das ihr entgegenkommende Grün. Man möchte stehen bleiben und hinsinken ins Licht. Ich muss das Leben preisen.

Du bist ein Intellektueller, von selber wird dir überhaupt nichts klar. Sagt die Frau.

Ich fühle mich wohl bei Gebrechlichen. Ich kann mich nicht sattsehen an Greisen. Als Brandt gesiegt hatte, kam abends ein Kennedy und sagte: Ich bin gern bei Siegern. Ich nicht.

Gesund ist, wer nicht sagt, dass er krank sei. Gesundheit selber kann man nicht formulieren, nur Krankheit.

Wenn man viel hat, glaubt man mit wenig auskommen zu können. Wer alles hat, glaubt, viel entbehren zu können. Man muss die fragen, die wenig haben. Nur sie wissen, wie viel man braucht.

Am Ende der Schnüre
hören die Schnüre auf und
wissen nicht, wohin.
Ich knüpfe Schnüre zusammen,
überhöre die Proteste aller Enden.
Besser ein Knoten, sage ich.
Besser ein Ende, sagen die Schnüre
und entziehen sich dem Knoten
und hören bedenkenlos auf.

Wenn ich aus einem Traum erwache, bin ich mir fremd.

Ich möchte das und das nicht sehen. Die Vortrefflichkeit von Joyce ist mir schnuppe. Ich sinke irgend einem Fernsehprogramm entgegen.

In New Hampshire sagt einer: You write damn much.

Um seinetwillen wendet sich jeder an mich, um meinetwillen antworte ich. Das Gespräch ist eine Fiktion.

In mir ist Gelichter zu Haus,
ich warte,
bis es vom Totschlag heimkommt
und ängstlich singend einschläft in mir.

An der Grenze bin ich die Hütte,
der Bau fensterlos,
wartend auf Träume,
die man anderswo vertreibt.

Schadhafte Zähne zeigt man mir als Pass,
Krankheiten läuten dreimal,
wenn die Treppen vor Aufregung stottern,
seid ihr da, aus Schößen
Vertriebene, Tiere ohne Haut
und liebe Frau, ihr seid da,
die Würmer auch, wir können schlafen.

Die Sprache ist ein Selbstgespräch. Auch der Schrei.

Die Schwere zum Tönen bringen,
das wird verlangt, auf der Harfe
aus Beton sausende Lieder schlagen,
dem Gebrüll des Daseins
beibringen die Pianissimosüße
des Mondlichts.

Die Eichen haben ihr Grün, ich warte noch,
weiß nicht, auf was, die Ewigkeit seh ich
vorüberziehn, zerbreche mein Glas,
möchte nicht sein, was ich bin.

Ich könnte weinen vor Juni
und vor Schwere.
Es ist ein Gähnen den ganzen Tag,
aber schlafen darf ich nicht,
mich trifft die Peitsche der Pflicht.

Lass es doch Sommer sein,
renne nicht schreiend voraus,
trink etwas wie jemand,
der heute nicht stirbt.

Schläfrige Tropfen treffen die Blätter,
hohe Motoren bleiben weit weg,
schüchtern leb ich im Grünen,
schmatze so leise als möglich.

Ich gehöre zu den Gräsern,
ich stünde nicht gern allein,
ich weiß, wie wenig ich bin,
ich kann kaum sein.

Wenn nichts ist oder wäre
als der Wind, die Veranstaltungen
des Wetters, Blumen, Raben
und Sonne, wäre der Sonntag
Mache, aber der Braten duftet,
und die Tränen lösen die Rätsel.

Meine Fresse, habt ihr Sorgen,
Kalorien mit etwas Kaffee, Kambodscha,
Barren im Mund, hier haben alle Telefon,
im Hintergrund schwere Musik,
draußen der Eichen frisches Grün,
jeder Atemzug Blamage.

Gleich wird's August sein,
gleich sind wir fort,
Schmetterlinge sollen erzählen,
wie wir gewesen sind.

Heute sitz ich mitten im Gedicht
und rühre mich nicht,
ich lass es einfach keimen,
wenn's will, soll sich's reimen.

Wenn ich mich in meiner Armut dehne,
stoß ich immer ans Nichts, das Paradies,
aus dem man nicht mehr vertrieben wird.

Ich bleibe am Leben und trage
meine Anzüge,
jemand zieht eine Linie um
mich herum
mit unabwaschbarer Kreide,
ein Kreis ist es nicht.

Es hilft kein Sträuben,
es gibt kein Bleiben,
das Jahr rennt los
und schleift mich mit.

Unsere Haare sind gezählt,
wir zahlen mit ihnen den Sommer,
tun, als hätten wir genug für den Winter,
obwohl wir die Temperaturen nicht kennen.

Mit einem Finger schreibt der Specht
auf seiner grausigen Maschine,
Geruch der ersten Äpfel ritzt
die Luft.

Was, wer so liegt, sagt, ist gleichgültig.

Blond vorbei, lyrisch zumut,
ein großes Egal, so weit
die Laune reicht. Was ich
nicht sehe, gibt es nicht,
zum Beispiel, den Tod.

Heute bin ich heiter vom Gedichtemachen
und Ausräumen des Mäusemists.
Auch das Durchkämmen des Hundes
kann heiter machen,
nicht dagegen das Telefonieren
jeder Art,
das Zeitunglesen
jeder Art,
das Fernsehen
jeder Art,
aber das Gedichtemachen,
das Briefeschreiben,
Fensterputzen,
Apfelessen
und eben das Ausräumen des Mäusemists
aus der Speisekammer,
und auch das Waschen von Frauenhaaren
deiner Art.

Wir sind versöhnt mit allem, was wir nicht ändern können.
Der Freispruch, den wir uns erdenken, wird der Idylle zum Urteil.

Teiche, Dämme, Erlen begleiten die Bäche,
schwarze Rinder weiden im Grünen,
mir scheint die Sonne ins Gesicht,
als meinte sie mich.

Ich strecke mich aus meinem Leben hinaus in ein anderes, das ich nicht erreiche.

Dass es den Himmel gibt, ist eine Verführung zu lauter fälschlichen Annahmen. Dass die Sonne vom Himmel herunterscheint, ist kaum anzuschauen, ohne auf die blödsinnigsten Gedanken beziehungsweise Hoffnungen zu kommen. Hier unten Feinde, Gefahr. Von droben winkt das Unsterblichkeitstheater.

Silber treibt von West vorbei,
die Berge stehen blau,
ein Vogel klagt,
ich schließe mich nicht an.

Die Versuchung, eine schlechte Manier nachzuahmen, bloß weil sie nicht die eigene ist.

Kann man mehr tun als in der Sonne sitzen
und hören, wie der Zug vorbeifährt
und eine Stille zurücklässt,
die es vorher nicht gegeben hat?

Politik gibt es nicht. Er tut aber so. Rennt mit. Ruft was, aber er gesteht sich ein, es interessiert ihn nicht.

Nur als ästhetisches Phänomen ist das Dasein und die Welt ewig gerechtfertigt. (Friedrich Nietzsche) Mehr als schön ist nichts.

Nichts ist so unabschaffbar wie das Gefühl, dass man sich schämen müsse, wenn man nichts nützt.

Ich habe zwar noch niemanden umgebracht,
ich lebe zwar in der Einbildung, ich ernährte mich selber,
ich glaube zwar nicht an ein Leben nach dem Tod,
ich bin zwar kein praktizierender Katholik,
ich halte mich zwar nicht für einen Kapitalisten,
ich bin zwar für den Sozialismus,
ich bin zwar,
aber.

Aber wenn nicht alle morgens ihre Wohnungen verließen, könnte ich nicht in meiner Wohnung bleiben, aber ich hoffe, dass viele am Morgen froh sind, wenn sie eine Zeit lang aus ihren Wohnungen hinauskommen, aber wo sie dann hinkommen, ist es vielleicht noch schlimmer als zu Hause, aber sie treffen dort ihresgleichen, aber das kann auch ganz schön schlimm sein.

Spring auf zur Gänze, lass Klänge führen,
fort von Gesehenem, leugne die Schwere,
schau, dein Schatten singt, sing ihm
die zweite Stimme, vielleicht tanzt er dann.

Meine Füße haben einen Tanz verlernt,
den ich nie kannte. Jetzt lade ich Wespen
ein in meine Achselhöhle und schände
mit teeriger Laune das Himmelsblau.

Vielspännig fuhrwerkt der Donner
durch den hallenden Himmel,
nah platzt der Regen auf jedes Blatt,
in Millionen Jahren bin ich einmal dabei.

Schmetterlinge sind keine Meinungen,
Gletscher kein Beweis, der aufgeschnittene Apfel
blutet nicht, mir schmilzt auf der Zunge
alles Übel der Welt.

Ich würde gern schweifen,
Wiesen kämmen,
Tiere streifen,
Stämme stemmen.

Möchtest du dich über einen Brunnen beugen
und trinken aus deinem Gesicht?
Dein Durst hat einen Zeugen,
den bestichst du nicht.

Je mehr du jemanden liebst,
umso mehr verdient der deine Liebe.

Ihr Mund hat recht, schon bevor er etwas sagt,
ihre Augen haben recht mit jedem Blick,
und erst ihre Nase, die ist des Rechthabens Spitze,
recht zu haben ist Frau Löfflers Glück.

Geläut schlägt über die Fluren,
jeder Apfel trägt den Klang,
die Sonne malt die Stämme rot,
lass mich liegen, mir ist bang.

Marmelade fließt vom Siebengebirge,
des Kaisers neue Marmelade.
Wer eine süße Zunge hat,
kniet im Dreck und schleckt
und lobt die Marmelade,
ohne die wir an jedem Stück
Brot stürben.

Ich stecke den Kopf in die Erde,
und die Würmer beeilen sich,
mir die Nachrichten in die Ohren zu tragen,
denen ich entflohen bin.

Sonne und Wind spielen mit Bäumen,
der See stellt sein Rauschen dazu,
großer September, dir das Denkmal zu bauen,
dass du nicht ungerühmt vergingst.

Frau Welt wird schöner jeden Tag,
freundlich schmückt sie der Schnee,
Tannengrün trägt weißen Flitter,
in meinen Ohren haben sich verfangen
die Flügelschläge fremdsprachiger Engel,
mitteilsam wie Seide im Morgenlicht.

Ich bin über den Bach gehüpft,
in gelben Blumen gelandet,
das Leben ist eine ausgestreckte Hand,
jetzt zertritt mich der Tod,
die unsterblichen Läuse lachen.

In den Sätzen,
als wären's Maschinen,
arbeiten die Wörter,
produziert wird Sinn.

Ich möchte in der Sonne stehen
und gut riechen, ein Vogel
sollte auf meiner linken Schulter landen
und singen, in meinem Mund zergeht
dann eine Kirsche, ich bilde mir ein,
was ist. In Ewigkeit, Amen.

Ich fühle, dass ich loben sollte,
und wären's Marmeladen oder
Renaissance, frisch angemalt, selbst
trübe Flüsse unter öden Brücken
oder ein Stück Bahnhof regenschwarz,
ich preise das Gleis, die genauen Dächer,
jede Verteilung leuchtet notwendig,
ich begreife alles, zum Glück.

Den Bienen nachsprechen ihr findiges Gesumm,
keine Wörter mehr, die weh tun,
aufatmen in die steigende Sonne,
keine Ahnung haben von mir.

Bilder, in denen Veilchen blühen,
Rosen, als wüssten sie, dass sie
nicht duften, Ausdehnung des Lebens
auf dem Papier, Sprachfeldherren
philosophieren den gedachten Krieg
und sind tapfer eingebildet. Wir
leben lang und lernen nie zu sterben.

Dass unter dem Milchstrahl der Kübel anfängt
zu singen, das haben wir alle gehört.

Zuerst das nasse Gras, ein Glanz,
die Sensen pfeifen fast beim Schnitt,
im Futtergang häuft sich die Pracht,
die Kühe lassen die Kiefer mahlen,
wir dürfen zu den Dünnetten gehen.

Mein Fenster hat es besser als ich,
nüchtern trag ich es morgens
zum Glaser, wenn ich es nachts
mit der Faust zerschlug.
Trag ich das Fenster die Treppe hinauf,
fangen die Schnitte,
die an den Knöcheln,
wieder zu bluten an.
Das neue Fenster ist blutig,
bevor es eingehängt ist.

Komischer Traum im August:
Als ich zum Nil kam,
sprach ich mit viel Scham:
Herr Ramses,
da ham S'es.
Und gab ihm in aller Eil
mein Geschlechtsteil.

Nimm die Fracht, Engerling,
die ich vor der Tür häufe,
nimm die gelben und die schwarzen Fakten,
die in den Lebergängen, nimm sie,
die in der Kehle sich häufen,
nimm, verwandle sie mit dir
in Gift und bösen Boden,
dann will ich gerne Blumen ziehen
für die Vasen meiner Freunde.

Lass uns die Bälle,
die ja sicher sind vor Traurigkeit
auch im verregneten Gras,
wenn die Vögel mit Sintflutaugen
im Tropfnassen kauern,
lass uns, lass uns die Bälle,
die einfach alles überstehen,
lass uns die Bälle nehmen,
über den Kopf halten, schau,
so, wirf du mir deinen zu, komm!
Nein, anfangen musst du.

Lass mich an der Straße stehn,
ich will die Kotflügel zählen,
bis mir auch welche wachsen.
Lass mich am Zaun stehn,
ich muss die Haare zählen
in der Achselhöhle der Nachbarin.
Lass mich einen Vormittag lang
mit den Blättern fliegen,
der Straßenkehrer bringt mich sicher zurück.

Redend, aber sprachlos, befristet, aber langweilig, erschreckend, die Bahnschranke, die zwei Minuten kostet.

Ich, der Letzte des Mittelalters, mit Hexen
und so, erschnuppernd das neue
Mittelalter, mit neuen Hexen und so.

Wir legen die Ohren an die Wände und schauen mit großen Augen an einander vorbei. Wir tun, als könne man über das, was wir hören, verschiedener Meinung sein. Es wäre nicht auszuhalten, wenn wir uns nicht täuschten. Wer das Täuschendste sagt, gilt am meisten. Die Wahrheit ist nicht erwähnenswert (siehe: Weihnachtsevangelium).

.

Sagen der Zukunft stellen sich ein,
hungrige Zaungäste
wollen gefüttert werden
mit meiner Zeit.
Jeder mästet mit seinem Fleisch
die gefräßige Zukunft.

Geheimnisse entstehen zu lassen lohnt sich. Überall lungern Deuter herum.

Wir schreien zwar
vom Schmerz der Reise,
aber wir reisen, blutend.
So erfüll ich die Spezialaufgabe
etwa meiner Leber
und opfere sorgfältig mein Herz.

Es regnet in die Bäume,
es regnet in die Stadt,
es regnet in die Träume,
und in den Träumen regnet es auch.

Ich widerspreche meinem Traum,
bei keiner Blume bleib ich stehen,
wo ich hinschau, will ich Leere sehen.

Im Traum war Howdirity zu übersetzen. Angeliefert als Studentenfloskel, und ich übersetzte dire mit sagen, also ist howdirity die Wiegesagtheit. Im Traum war's eine Leistung, auf die ich im Traum stolz war.

Vorübergehend,
gleichbleibend,
eine Norm,
durchsichtig.
Der Effekt,
verkäuflich
als Sternstunde,
jedes Mal.

Du gehörst hin, wo du wohnst, aber du kannst immer noch umziehen zu den Leuten, mit denen du lieber verwechselt wirst.

Die, die 5 Mark verdienen pro Stunde, verstehen einander, und die, die 500 verdienen, verstehen einander auch. Wer wen versteht, das ist kein Sprachproblem.

Ich fühle mich wohler, wenn ich für etwas bin, als wenn ich gegen etwas bin. Ich weiß aus Erfahrung, dass es gesünder ist, für etwas zu sein. Und am gesündesten ist es, mit vielen für etwas zu sein.

Weil ich,
wie mit dünner Haut
einer Schnecke,
das Aufeinandertreffen mit Menschen
nicht mehr ertrage,
andererseits allein nicht weiß,
vor mich hin zu leben,
mach ich mir aus Papier Figuren
mit Leim und Tinte und Zeitungen,
das bisschen Hass zu betätigen
zum Zeitvertreib.

Zürn sei als ein Spießer zu kritisieren,
so einen streichelt man doch nicht,
sagt Karasek und lässt aufmarschieren,
was gegen Spießerstreicheln spricht.

Man sollte sich öfter umbringen können, dann täte man's sicher einmal.

Ich liege,
bin unten durch,
friere.

Die Verzweiflung ist eine Wolke,
ein Gelächter die Treue,
gerade Linien sind Lügen,
der Segen suhlt sich im Dreck.

Meine Schmerzen findet Frau Radisch zum Piepen
und fügt mir andere zu. Die stammen aus
dem Supermarkt der *ZEIT*: Ästhetik der
Anästhesie, da lacht auf der Leber die Laus.

Müde von nichts, von Leere schwer,
gähnend im Wahn, es sei Zeit.
Weit im Feld fault die Rose,
ihr Duft geistert im Traum.

Ein paar Freunde verfolgen mich mit milderem Hass,
meine Ohren sind wund vom Gerede,
meine Hände halten keine Begrüßung mehr aus,
wenn ich denke, glüht die Welt,
und ich werde denken, bis sie schmilzt.
Draußen werden sie sich Jacken zuknöpfen
und sagen: Das ist ein kalter Sommer.
Vielleicht, dass ein Kind im Wagen nicht aufhört zu weinen
und ein Vogel eine Feder zu früh verliert.
Ja, ja, ja, ein kalter Sommer.
Eiskristalle bedecken schon die Früchte
zum Schutz gegen mich.

Mein Feind hat einen geilen Schoßhund,
heißt Gerechtigkeit. Die Schönheitskönigin
Religion ist meines Feindes Frau,
sie liebt ihn und befiehlt mir, ihn zu lieben.

Ich werde den Hausmeister bitten, mich an den Stuhl zu fesseln.
Vielleicht vergisst er mich, und das Haus brennt ab, und es zeigt sich:
Ich bin unverwundbar wie die Welt.

Getroffen, Sie haben getroffen, Herr Görtz,
Sie sind ein glänzender Schütze!
Mitten ins geblähte Herz!
Als Schütze sind Sie Spitze!

Weggeprügelt von den Trögen,
steh ich mit blutigen Lefzen
in der Sonne und suche Töne
für ein Geheul.

Wieder einmal abgehauen, wieder einmal nichts,
die Angefangenheiten mehren sich,
lass es doch lieber, bleib doch
in deiner Schale und verrucht.

Politische Klasse heißt das Bordell, in dem
nur Jungfrauen dienen. Die Herren wollen
immer die Ersten sein. Erledigt wird man da
im Namen der Humanität, das ist eine runderneuerte
Hure, deren Zähne echter aussehen
als echte und viel besser beißen.

Sagenhaft auf Fotografien von damals
die Sonne von damals, jetzt schmerzt
in den Schulterblättern das Eis.
Ratlos geht die Sonne unter.

Immer scharf, Raddatz,
keine Zeile lässt er gelten
und ist ein Gunstgewerbler von Rang.
Wenn ihm zum Beweis die Wörter fehlen,
ersetzt er sie durch stuhlischen Drang.

Bist du bedient,
jetzt hüpft mein Herz,
die Rechnung geht auf,
du bist bedient,
also geh und halt's Maul,
bis du draußen bist.
Ich maul bloß noch so,
weil ich nicht gehen kann,
ohne zu maulen.

Dieser Samstag geht mit mir um, wie ich mit meiner Mutter nicht umgegangen bin. Ich bin auch nicht die Mutter dieses Samstags, das gebe ich zu.

Es regnet auf mich, auf Äpfel, Autos und
Blaskapellen, es regnet auf deine Haut
und meine, sag bitte, dass der Regen uns traut,
sag nichts, der Regen sagt's deinem Mund.

Mich treibt die Kälte,
die ich erzeuge,
zu den Hochöfen meiner Feinde.

Schirrmacher, höre ich, sei ein kalter
Karrierist. Er wird es noch weit bringen.
Jetzt spielt er Bubi als Machtverwalter,
aus seinen Händchen wachsen Klingen.

Ich habe mich mit Efeu befreundet und Moos,
die haben versprochen, mir nichts zu tun,
und sie haben dieses Versprechen gehalten,
es geht zum ersten Mal gut.

Vom Wind erfahre ich, der Wind sagt es auch,
es sei noch nie etwas Übles geschehen,
die Sonne sagt sogar, dies sei das Paradies,
ich kann, von Wärme gehalten und Grün,
nicht widersprechen, dies ist der Tag,
an dem Geschichte aufgehört hat.

Aus meinen Träumen habe ich Tapeten gemacht,
in meinen Zimmern geht die Sonne nicht unter,
der Stein, den ich wälze, bin ich selbst,
das Glück bittet mich um den nächsten Tanz.

Die Tage sind aus Seide,
berührt vom warmen Wind,
mit ihrem tönenden Geschmeide
brüsten die Vögel sich.

Morgens meistens haltlos,
die Zähne frieren,
der Briefträger schluchzt,
wenn er mir die Briefe gibt.

Trägt die Welt dein Zeichen nicht,
adelst du nicht jedes Wort,
leuchtet Schönheit, nicht dein Licht,
ist aller Sinn für mich zerstört.

Nasty naughty ragged for fun,
seasoned and clever shrewdly homespun,
stone or dancer, cunning a while,
stuffy passion no style.

Kratz mir den Schnee,
der fällt von der Mondscheinsonate,
aus den Ohren
und die Sterne aus den Augen,
dass es endlich dunkel wäre
und still.

Ich möchte aufwärtsgehen auch in Ebenen.
Ihr habt meine Haut beschrieben, ich lese vor,
Türme sind zum Zuhören da. Schmerzen werden
ins Bett gebracht. Der Mond steht steif
über den Häusern. Ratlos hängen die Kleider.
Verzicht entblättert die Rosen. Gesang sät
Spuren in die Nacht. Vergessen muss ich lernen.

Allmählich stellt sich heraus, dass die anderen ähnlich denken. Ähnlich sind. Anstatt mich darüber zu freuen, fürchte ich, der Grund schwinde, der Grund zu leben. Warum soll gerade ich leben, wenn es so viele gibt, die meine Stelle einnehmen könnten. Diese Furcht ist die Folge meiner Gewissheit, einzigartig zu sein. Ich wollte Leben nur auf meine Einzigartigkeit gründen. Die ist nun dahin. Ich werde immer undeutlicher. Verwechselbarer.

Ich kratz mir den Schorf
vom Grind, von den Schläfen
fallen die Schuppen
mir in die Augen,
ich schau mit zerkratzten Augen
hinaus.

Drüben blutet der Himmel blauviolett,
das Wasser füllt sich mit Gold,
ich atme leis im schimmernden Getöse
des Abends.

Farben des Himmels, Familie von Tönen,
ewig flüchtige Pracht, Zierrat auf Wangen,
eine einzige Freude für die Schwindenden
drunten im Dreck.

Undurchschaute Notwendigkeiten werden von manchen
als Freiheit empfunden.

Psalm 138
O Herr, Du prüfst mich und durchschaust mich,
ob ich mich setze oder steh, Du weißt es.
Stieg ich hinauf zum Himmel, Du bist da,
stieg ich hinab zur Hölle, Du bist da.
Vor Dir ist Finsternis so viel wie Licht.

Ich bin so eingefasst, dass ich nicht weiß,
ob ich mich noch bewege oder
ob nur die Erde sich noch dreht.

Das Wetter ist mir das Wichtigste,
das Gewitter spielt mein Stück,
es endet hell im Himmel,
die Bäume und ich atmen frisch.

Willkommen, Schwärze und Schwere,
herein, Lichtlosigkeit und Sturz,
tänzerisch führt sich die Leere auf,
Sauerstoff gewährt das Nichts.

Jung, Doktor Liedtke, und schön,
das müsste eigentlich reichen,
und lässt keine Gelegenheit vorübergehen,
mir ins Bier zu seichen.

Auf der Schwelle hockend, über die
Flüsse grüßend, nehm ich nicht teil,
der Regen trifft mich nicht, ich bin
meistens jenseits des Datums.

Das Schöne bei Enzensberger ist seine Größe,
in allem, auch wenn er umfällt, ist er groß,
sein Schönstes, dieses Heiter-Desaströse,
dieses Überlebenkönnen auf jedem Floß.

Frauen schlagen anders. Sie haben, wenn sie dich foltern, die Haare hübsch hochgesteckt, es langweilt sie, dich foltern zu müssen. Dich schlagend, zählen sie die Stunden, bis ihr Liebster kommt.

Süß ist es, lächerlich und steil,
von einem Arschloch verrissen zu werden.
Alles hab ich schon mir zuliebe probiert,
euch zum Possen mach ich jetzt Gedichte.

Regentag, Regentag,
ohne Datum willkommen,
wir zählen nicht, du und ich,
wir sind, bevor wir sind,
schon fortgeschwommen.

Heute fünfz ich,
morgen sechz ich,
übermorgen mach ich der Königin
ein Kind, ach wie gut, dass niemand
weiß, dass ich Fünfundsiebzich heiß.

Volker Weidermann: Der hat mich das letzte Mal nur verhöhnt. Jetzt feiert er mich. Es wäre geheuchelt, wenn ich nicht zugäbe, dass das guttut.

Nebenher sollte das Wichtigste entstehen. Von selbst. Verlass ist nur auf das, was von selbst entsteht. Wovon man überrascht wird, daran kann man glauben. Was man nicht für möglich hielt, ist wirklich von einem selbst.

Nachmittag im gelben Licht,
Butter, eingesperrt im Panzerschrank,
Grünzeug flott, ich werde, hoff ich,
die Kraft haben, unverständlich zu bleiben,
mich nicht zu verraten,
nur hinter der Stirnwand,
in diesem Dunkel bin ich hell.

Entstellt,
jetzt sing,
du lebst davon,
jene gepresste,
auf Unwillkürlichkeit
pochende Redeweise,
die sich lyrisch nennt.

Helme, Nacken, Nachlass der Sünden,
Abfall der Blätter, Aufmerksamkeit der
Hunde, Sorge des Gärtners, Gebete
für eine sterbende Hecke, an der man
entlanggeht mit gezogenem Hut.

Wenn ich einmal so viel Geld haben werde, dass ich ein Buch schreiben kann über die lebenslängliche Hochstapelei als Schriftsteller. Ich musste davon leben. Jetzt habe ich gelebt (davon), jetzt kann ich gestehen, wie es war (wenn ich es dann noch weiß).

Volker Hage im *Spiegel*, die gemeinste Art. Wenn das der Ton wird, in dem dieses Buch behandelt wird, dann habe ich nichts mehr zu bestellen. Soll ich sagen: wie immer?

Vögel schreien, Fische gehen
in Alleen spazieren im Frack,
ich brenne ein bisschen,
mich verstehen nur Bäume.

Blätterschönheit, Sterbepracht,
Wälder von Wässern durchwirkt,
besänftige mich doch auch,
Himmelsweite, dring durch,
mir ins Gemüt, dich möchte ich
nachmachen, Oktober, so enden.

Je weniger Zeugen, desto weniger tut weh. Einsamkeit bis zur Schmerzlosigkeit.

Hier
Trauben über gelben Feldern, alle Gräser
fromm und frei, in den Trögen schlürft
's Wasser: Nirgends wäre ich lieber, wenn's
überall so wäre wie hier.

Sind Bücher Blumen im Winter,
geborgt der Duft, aber bleibend?
Ein Leser lacht die Schallgeschwindigkeit aus,
das Licht hinkt hinter ihm her,
er ist überall,
er hat die Welt geschaffen,
sein Pseudonym ist Gott.

Du musst das Leben verlassen, bevor es dich verlässt.

Die Musik gibt's nicht, nach der Karasek nicht tanzt.
Kein Trittbrett bleibt ohne seinen Fuß.
Keine Hochzeit, auf der er sich nicht anwanzt.
Das kommt davon, dass er öfter als andere muss.

Sich beschweren: ein Mangel an Selbstbeherrschung. Du willst jemanden nötigen, anders über dich zu denken, als er denkt, sich anders zu verhalten, als er sich verhält. Selbst wenn du das erreichtest, was wäre es dann noch wert?

Soll ich mich in Sprache kleiden, mit
Messern Frieden schließen und Bäume mir
ins Knopfloch stecken? Ich soll,
glaube ich, lachen und beten.

Kauf dir neue Sachen bis zum Schluss,
glaub nicht, was du weißt,
atme, als atmetest du ewig so,
wir sind nicht gemacht für Einsichten,
nichts brauchen wir als Blendung.

Herr Krekeler ist eine Macht in der *Welt.*
Er kann beliebig Zeilen füllen,
und wenn ihm etwas nicht gefällt,
dann muss er eben killen, killen, killen.

Schlagt mich tot, Leut,
nicht morgen, heut,
sonst muss ich es selber tun
und dann bei den Selbstmördern ruhn.

Oft hab ich mich schon gefragt,
was in dir wohl lebe,
ob je in dir die Liebe tagt,
ob Holz du und ich Rebe.

Mein volles Herz, dem stets entsprungen
der Melodien Perlenflut,
du nahmst es hin und nahmst den Klang
und gabst dafür die stumme Glut.

Lass mich bis zur Grenze der Wörtlichkeit weiterleben, verpflegen mich mit Stille, ich kenne mich sowieso schon aus in der Unerfüllbarkeit eines jeden erdenklichen Wunsches.

Ich bin kalt, ich bin warm,
ich bin reich, ich bin arm,
ich bin wie du und bin wie ich,
wer bin ich, frage ich dich.

Du in Schwarz und eine weiß gepunktete Bluse unter der schwarzen Jacke. Deine Lippen ein wohl geschwungener, aber schwerer Vorhang für ein gleißend weißes Zähnetheater.

Taggekrönt ruhst du versunken
in der traumbeseelten Nacht,
und ich denk erinnerungstrunken
an deiner Locken düstere Pracht.

Dichten und trachten,
sehnsüchtig schmachten,
mit den Augen streicheln,
mit der Zunge schmeicheln,
lächerlich sein, aber dein.

Du kannst nichts wissen von mir,
ich kann dir nichts sagen,
wir sind beide nicht von hier
und trauen uns nicht zu fragen.

Schleife, deine schöne Schleife,
bügle ich, solang du im Garten
für mich arbeitest, häng ich
mich auf an deiner Schleife.

In dem Augenblick, in dem die Maschine abhob, drehtest du den Kopf herüber, ohne ihn von der Rückenlehne zu heben. Den auf der Lehne liegenden Kopf drehtest du herüber, und genau so fanden unsere Hände an einander, so hoben wir ab, atmeten mit, dann waren wir beide droben und lösten uns.

Das Nichts ist eine Schale, in die alles rinnt,
einen Morgenmantel trägt der Tod
mit meinen Initialen, ich will die Zigarette sein
in deinem Mund, das macht mich unsterblich.

Jetzt japst meine Seele,
jetzt hüpft mein Herz
auf der glühenden Platte
der Sehnsucht. Ich bin ein Schrei.

Deine Augen sagen mir, was ich tun soll,
Nähe, das Element, leuchtende Deutlichkeit,
mühelos gelangen wir in jede Höhe,
Stürme streicheln, Wörter drängen,
wir überfliegen jeden Horizont
und blühen, als wüssten wir nichts.

Ich brause, biege Gipfel, Täler
fülle ich mit Heftigkeit,
schleife auf dir zur Ruhe,
zerfalle vor deinem Gesicht
in botenmäßiger Angst,
bin eine Anzahl Gelenke,
du müsstest mich rufen.

Dir gefallen, Liebste,
dass du verloren wärst
wie ich und wir zergingen.
Dich vergessen, und ich wäre
im Paradies. Zerschmettert,
aber selig, selig, selig.

Du darfst nicht merken, dass ich dich brauche,
ich spiele den Nichtraucher, während ich rauche,
ich spiel den Schenkenden, während ich raube,
ich spiel, bis ich, was ich spiel, glaube.

Du bist Bewunderung gewohnt
wie jede Orchidee,
Du bist gewohnt, dass man sich nach dir sehnt,
and something ever more to be.
Ja, komm.

Ich hab verloren. Mich und dich. Sehnsucht,
das dümmste Tier, Tag und Nacht. Mit zerbissenen
Nägeln stopfe ich ihm das heulende Maul,
wissend, dass ich allwissend bin.

Wenn aber du nicht wärst, könnte ich nicht
die ganze Nacht ins Dunkel schauen, als
wär's ein Film, du taufst meine Schlaflosigkeit,
meine Dürre will keinen Namen als den deinen.

Der Kiosk weiß, wie ich an dich denke,
dass du nicht an mich denkst, weiß nur ich,
die Sehnsucht lässt nichts übrig als sich selbst,
lautlos tobt der Orkan meiner Gedanken.

Jetzt gib mir halt die schwarzen Hände,
Nacht, und nimm mich, ich bin leichter
als je, ein Behältnis, das verlor, was es hatte,
und ungehörig durch und durch.

Ich werde gehärtet, das Feuer bist du.
Wenn das Material nicht bricht,
dank ich dir die Unverwundbarkeit.
Barfüßig spaziere ich dann durch meine Hölle
und singe deinen Lobgesang.

Die Einsamkeit ist eine Wüste,
da blühen lauter Rosen mir
aus dem Mund, und niemand pflückt sie,
also ess ich sie selber auf.

Ich warte, wenn ich warte, immer
auf dich. Jeder dann Eintretende ist
eine Enttäuschung. Ich sehe, ich habe
nicht auf ihn gewartet, sondern auf dich.

Die Sehnsucht ist ein langsamer Tiger,
genüsslich wirst du zerrissen,
dir wird, während du zerrissen wirst,
immer geschmeichelt, es komme darauf an,
dass du nicht so schnell verreckst.

Noch nie habe ich so laut geträumt
wie jetzt. Die Verstärkerin bist du.
Ein Turm des Seins bin ich, von dir
bewohnt. Wenn du ausziehst, haben
wieder die stummen Tapeten das Wort.

Ich kenne den und den am Ende gern,
um ihn zu meiden. Lieber schweb ich
über Wiesen. Verabredet mit Not,
teil ich nichts mehr mit euch.
Bucht mich unter Verlust.
Mein Name war Geräusch.

Schon gibt es Herbstgold in der Luft,
auch ein Hauch Kühle fließt ein,
und wie einen die Zahl anruft,
als stünde sie schon auf dem Stein.

Wenn ich sie mit meinem Schmerz zum Lachen bringe,
wenn ich Glas fresse und Rosen kotze,
wenn ich immer, wenn sie mich stürzen lässt,
am dritten Tage wiederauferstehe,
wenn ich, wenn sie den spätesten Zug nimmt,
ihr mit dem frühesten entgegenfahre,
wenn ich, wenn sie Nächte durchtollt, schwärme,
dass ich in einer Blumenwiese lag und glücklich träumte,
wenn ich ihr sage, nichts sei so glaubhaft
wie das, was sie noch gar nicht gesagt habe,
wenn sie mich fragt, wo ihr verschmutztes Taschentuch sei,
sage ich, schon gewaschen, und ich erröte,
weil sie, wenn sie entdeckte, dass ich es
an meinem Herzen trage, mich verachtete.

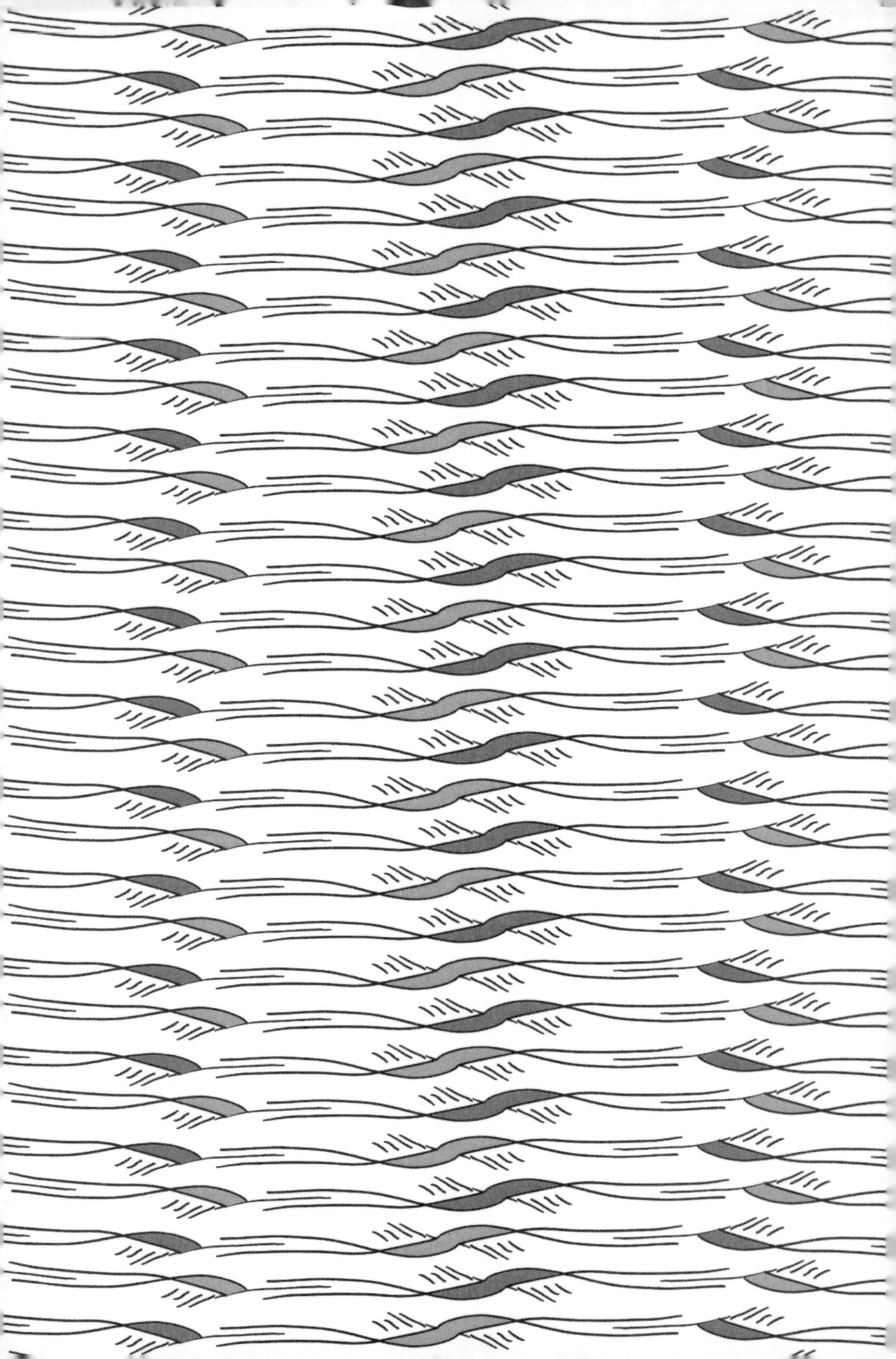

Mir kommt der Herbst grad recht
mit seinem bunten Getue,
ich sage: Dein letztes Gefecht
bringt mich nicht aus der Ruhe.

Ganz schnell schießt alles hinab,
Wasser, Laub, Sand, kein Gitter
hält etwas zurück. Ich komme im Trab
vorbei und sag, der Tod sei ein Schnitter.

Wohin wende ich mich, wenn du keine Richtung mehr bist? Pirouetten-Existenz. Mir kann ich mich nicht zuwenden.

Herzlichen Dank für die Ernte, sage ich
nach Norden hin, Richtung Ruhrgebiet,
ihr habt genug für euch behalten, hoffentlich,
weil mir sonst die Scham das Gesicht verzieht.

Der Transport von dir weg gelingt nicht,
ich bin der Gefangene der Freiheit,
die reine Zerrissenheit.

Das Urteil, das ich kennenlerne durch die Vollstrecker, heißt: Du musst am Leben bleiben.

Ein Stein unter Steinen, liege ich,
jeder Schritt, den du tust, tritt mich.
Warum ich nicht weine?
Steine weinen nicht.

Auch wenn Höbel lobt, klingt es fatal,
er ist im *Spiegel* Häme-Meister.
Sein Stil-Parfüm riecht streng anal,
wo etwas blüht, darauf scheißt er.

Wär die Welt ein Papier,
ich zerriss es
und schriebe:
Endlich, das isses.

Sand in Sicht, schreit die Robbe Detje
und rudert an Land
und setzt ihre seichten Gedanken
voll in den Sand.

Herbstheilige,
läufige Blätter,
Saturday,
Schattenburgen,
gebadete Frau.

Es ist ein Herumschauen und Sichfestsaugen und Abgleiten, ein Zubodenfallen und ein vor Nichtbemerktwerden schnelles Zergehen.

Sonnenreste,
schön muss das sein,
recht zu haben, gut zu sein,
die Wärme in der Mitte der Partei.

Wenn's noch einmal so kalt wird,
kauf ich mir Handschuh'
oder geh zur SPD,
so einen Winter
überleb ich nicht noch einmal allein.

Junge, geh mir aus'm Licht,
ich mag deine Visage nicht,
du bist so gut und anerkannt,
bist eine Zierde fürs Vaterland,
du hast zwei rechte Hände.

Das Dämmer sinkt,
ein grau' Gewand,
mein Herz, es trinkt
aus deiner Hand,
du sanfte Nacht.

Bitte, nimm mir nie, was mir nicht gehört, nimm mich.

Der fette kleine Junge aus der Villa
hat 'n Faible für die Politik
und 'ne süße Gattin hat der Junge,
die isst ihn auf und wird nicht dick.

Wenn es Winter wird,
und du bist immer noch,
immer noch so hübsch,
tret ich dir bei.

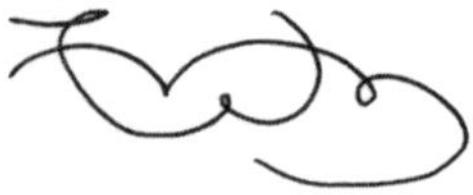

Ungelenk vor Angst,
Zeitgenossen,
jammernd über die Unzeit,
entfernt euch doch,
Kulissen überall,
und Schauspieler wie ihr
werden gesucht,
den Bauchladen voller Gerüchte,
Hausmacherware,
lauter Individuen,
aufrechte Kritiker,
Geister, so scharf wie ein Sackmesser

für Erstkommunikanten, reisen herum
und spucken ihr hübsches Menetekel
ins Tagungsprotokoll,
anschließend fröhliches Beisammensein,
um was geht es uns, bitte!

Niederbrechend,
den Kopf gegen die
Mauerkante schlagen
oder wie im Hochsprung
über die Gartentür, hängen bleiben
mit beiden Schuhspitzen und hinüber
stürzen auf den Beton,
mit dem Kopf, mit dem Gesicht
landen, das immer wieder, und es nicht
loswerden, wie lange noch.

Schon wieder ein Kunstwerk.
Drechselt
eine Frühstücksempfindung
in die Laune von
gestern Abend,
macht, nie ohne direkt
schmeckendes Gewürz,
ein Kunstwerk, der
Künstler, der gute,
große, für das Großeganze
kochende Mensch,
der er ist.

O politisches Gedicht,
Totengedicht,
mehr bist du nicht.

Die Augen verschmiert vom aktuellen Rotz,
Meister im sittlichen Hochsprung, je schwächer
ich werde, umso schneller renn ich
davon und weiß nicht, wohin.

Stotterer im Windkanal des Schicksals,
die Fetzen donnern durch die Welt,
erwürgte Zärtlichkeiten faulen am Weg,
die Vernunft tanzt auf dem Trampolin,
der Folterer grinst und grinst und grinst.

Lösch das Licht in dir,
mach der Schwärze Platz,
den Wörtern kündige,
sie haben nichts genützt.

Es wird mir den Kopf sprengen
mit einem farbigen Knall,
ich werde in die Höhe sinken
und in mir vergehen.

Das Unglück ist früh wach
und hat hohle Augen,
ins Nichts zu schauen reicht's.
Schöner als je sticken die
Vögel mir Töne ins Fell.

Ich bin die Wunde dieses Hauses, die Wände
schreien vor Schmerz, dass alle Fenster
splittern und meine Blumen verbluten
und meine Feinde für mich beten.

Blätterleicht schwebe ich, unbeschrieben,
Wörtern weich ich aus in der Nacht,
aber Namen haben Bärte aus Blei.
Soll die Trauer tanzen lernen. Bei mir?

Wenn ich nur ein Lyriker wär,
dann kämen von irgendwo her
Reime gelaufen in hellen Haufen,
dass ich schneller schreiben müsste als schnaufen.

Sonderbar, das ist doch sonderbar, dies Wort sonderbar klingt sonderbar,
sonderbar muss ein Fremdwort sein, wenn man sonderbar durchschauen
will, erweist sich sonderbar als undurchschaubar und sonderbar.

Naturnatur,
du alte Hur',
hast immer die Uhr
in der Hand.

Ersticken,
ein höchst kunstvolles,
wortreiches
Ersticken.

Altgold, liebster See,
schaust schön drein,
glänzest hold in d' Höh,
gibst dem Herbst ein' Schein,
bald bist violett
und uneingefasst,
bald bist mein Bett,
ich lege mich, wie's dir passt.

Farbig geht das Laub,
meins ist schon gegangen,
Kühe stehen im Grau,
göttlich befangen.

Über den silbernen Septembersee gleitet
ein Katamaran. Die Möwen schreien
den Winter herbei. Ich bin verpflichtet
zuzuschauen, bis es anfängt zu schneien.

Ideal

Unten hocken auf dem grauesten Grund,
froh sein, wenn das Leben,
der zermalmende Kiel, vorbeizieht,
schluchzen ein bisschen und grinsen,
eine Pflanze sein, die keinem schmeckt.

Liebe und liebste Zahlen
wachsen auf meinem Grab,
zähle zusammen, ziehe ab, lass
die Tasche nicht fallen,
bis du herausgebracht hast,
wie lang die Vöglein dir singen.

Ich sehe keine Äpfel, die etwas bedeuten,
den Staub kann ich nicht lesen, das Winseln
des Hundes sagt mir nichts. Ich hänge
über einem Abgrund, den man nicht sieht.

Am liebsten würde ich heute etwas
schreiben, was ich morgen gern wieder läse.
Rosensignale im Grünen, wie eine Stickerei
das Vogelgeschwätz, das vor Einfachheit leuchtende
Gesicht eines wichtigen Mannes.

Erwachend kaum
und zugedeckt vom frommen Schnee,
denken wir zurück zur Frühe.
Dem Kristall der schönen Not
entkommt nur Licht.
Ich möchte nichts wissen,
was die Kerze nicht weiß.
Die Welt gehört unter die Haube.

Lebenslauf mit sich
Sich ergehen
sich erfahren
sich erkennen
sich ermorden.

Ausgerutscht im Unendlichen, rase ich
herum und widme mich meinen
Vergiftungen, ich hänge am Tropf
bzw. am Handy, der Hohn singt
a cappella das Wiegenlied meiner Liebe.

Der Sturm ist eingeschlafen, jetzt träumen die Bäume,
die Distel besetzt den Horizont, meine Zehen
werden mir fremd, es weinen die Krähen,
nichts hat mit etwas zu tun, alles ist nur.

Mitten ins Schwarze
trifft aber auch alles, was fällt,
abwärts geht's sicher,
kann überhaupt nichts passieren,
schau, schon bist du da,
das Dunklere gib mir.

Die Sonne scheint mir auf die Hand,
ich brauche keine neuen Schuhe mehr,
die Nachrichten lese ich sitzend. Mein
Verbrechen heißt Teilnahmslosigkeit.

Kriechend übers Eis in Richtung Bewusstlosigkeit,
unerreichbares Paradies. Gleichgültig ist mir nichts,
kein Scheitel teilt mich, das grüne Reisig bis
zum Horizont, meine Augen wandern,
bis ich nicht mehr denken muss.

Lieg nicht so in der Gegend, Kind,
sonst kommt einer, verkleidet
als Wanderer oder als Wind,
trägt vor, wie er leidet,
dann wirst du weich, dann lind,
dann entkleidet, dann blind,
dann ausgeweidet.

Vor mir, senkrecht, fällt
die Sonne, servus, ich komme
gleich, ich wende
mich unwillkürlich an mich,
meine Stimme reicht nicht
bis zu dir, meine Stimme
ist ungeschult, ungeschult
sagt sie: Ich schäme mich
vor mir.

Ich komme gleich,
sobald die Amsel fällt,
ich komme gleich ins 19. Jahrhundert,
in den Schnee, ungeschult,
hässlich wie ein Kaplan.
Ich hinterlasse dir, dass du
lachen kannst, ich hinterlasse dir,
Überlegener, den Startplatz,
die Schuhe,
die Bahn.

Ich möchte nicht mehr aufhören zu notieren, bis sich die Lage geändert hat. Wenn irgendetwas besser geworden sein wird, kann ich aufhören, vorher nicht. Das Notieren ist das provisorische Abdichten eines Lecks bei einem Schiff, das in einen unabsehbaren Sturm geraten ist. Ich trage ins Logbuch meinen Untergang ein wie der Kapitän eines sinkenden Schiffs. Pflichterfüllung bis zuletzt.

Hast du diesen Zwang im Mund,
kennst du das auch, wenn's
schneit, muss ich noch ab und
zu die Konversation, so dres-
siert bin ich, so müde des-
sen, wenn ich das überlebte,
wär ich sehr lächerlich.

Nichts schöner als Leben,
ein Schub bloßen Seins,
keines Denkens wert, jede
Trompete bringt's besser.

Auch wenn es uns aus den Zähnen
gerissen wird, wir geben's nicht her.
Wir sind unabschaffbar, wir leiden alles,
nur um zu sein.

Wer hat mir das eingesagt, dass ich nicht nachgeben dürfe, bevor ich nicht alles habe?

Ich wünschte, ich wünsche, ich
zähle die Wünsche, probiere sie
an und lasse sie ändern, ich
trage nur passende Wünsche.

Ich bin ein Hase, weißt du,
in der Furche, und gramvoll
und geduckt warte ich auf
den ersten Schuss, dann renn
ich los und sehe noch
die purzelnde Welt, die
sich überschlagenden Jäger.

Dieser Kopf hat nicht gehalten,
es ist so weit,
die Wörter fliehen.

Langsam quillt
Soße aus dem Mund
auf Speisen, sagt doch,
hab ich richtig gewürzt,
fangt doch an, esst.

Ruf den Herrn herein, sag ihm,
ich sag es ihm selbst, ich
werde, sag ihm, wenn er ein-
tritt, werde ich, sag ihm, wenn
du ihn rufst, ich sag es ihm selbst.

Ich muss,
beliebig,
lediglich Schwere
genügt nicht.

Leben ist mir
zur Gewohnheit geworden.
ich schnappe nach der Wurst,
ich tu nur so, als kämpfte
ich nicht, meine Unmittel-
barkeit kommt daher,
dass ich überanstrengt bin
von dieser blanken Not,
zündet Lichter an, zückt
die Taschentücher aus Papier,
raschelt laut und zählt
die Tropfen und die Lieder
und dich und mich in Ewigkeit.

Fieberblumen blühen mir im Mund,
frostige Fenster sind verhängt
mit handgewebten Träumen. Wenn ich
den Schmerz nicht hätte, hätte ich nichts.
Frieren ist auch eine Empfindung.

Sag mir nachher, wie's war,
ich sag dir dafür, wie's sein
wird, sag mir, wie war's,
von mir erfährst du nichts.

Die Geigen
Die Geigen, die Amseln,
der Schnee, die Nässe, der Staat,
die Melodie für einen Finger,
mein Schwachsinn, meine Liebe,
unser aller Rosenstock und
die Heftigkeit und der Sturz
und die paar Sätze zum Abschied,
die flatternden Lanzen, die
laut lachende Beute, schön,
du im Büchsenlicht, ich kann
so tun, als wüsste ich nichts
von euch allen, ich bin noch
der Glücklichste, und seht mich an, jetzt
haben's die Geigen eilig,
sie verschließen die Stunde,
ich trockne mich und lege mich
unter ein glückliches Licht,
kleidsam, ein Häufchen Kitsch,
verwandt mit meinen Bewachern.

Die Spinnen werden mich finden im Frühjahr, luftgetrocknet, eine Redensart für Unglück und ziemlich abstrakt.

Abteilung, halt, was denn,
klingeling, Musik. Los,
schlagen wir uns durch,
ich kann von Beeren nicht
leben, ich bleibe hier und
sterbe unter dem Hölderlin-
Busch an meiner Stirn.

Immer von gestern,
voller Befürchtung und Scham.
Nie wieder werde ich für mich
so unverständlich werden,
wie ich für mich früher war,
als ich andauernd vorausschaute
und nichts sah.

Langsam rutsch ich übers Papier,
nicht nach Indienamerika,
nur hierher, freudlos schürfend,
ein kleines Schreibgeräusch,
soll ich Ski fahren gehen.

Wenn du weißt, dass das, was du machst, Blödsinn ist, wird es dadurch, dass du das weißt, nicht intelligenter.

Mir sind die meisten Schläge bekannt,
vielleicht alle. Neugierig aber wie eh und je
horch ich aufs Peitschensausen,
ich will immer den Schlägen, sie
charakterisierend, voraus sein.
Irgendwie schwächt sie's,
wenn ich rufe: Nichts Neues.

Ich möchte mich nicht mehr wehren müssen.

Keinen Schwung haben, ausschlafen
dürfen, schnellstens Demut
lernen, Hornhaut der Seele,
des Geistes, unerreichbar sein,
Lichtfürst heißen, gleißen.

Liebe, ich möchte noch Geld
verbrauchen, lackierte Scheiße
kaufen und mich zerfleischen
mit scharfen Sachen.

Alles fälschen heißt alles verbessern,
Schreie eignen sich für Gelächter, Schmerz
verdient ein Denkmal aus Speiseeis,
Kuss heißt Kapitalverbrechen,
wem nur die Wahrheit einfällt, soll
schweigen, und schämen soll er sich auch.

Ich kann nichts mehr tun als sagen, dass ich nichts mehr tun kann.

Litanei macht frei,
Scardanelli steht dabei,
zwei und zwei ist drei,
ich streichle dein Geweih.

Für jeden Feind, der stirbt, blüht ein Dutzend junger Feinde heran, unwiderlegbar ihre Augen und ihre sanften Zähne.

Greif dir an den Kopf, vorwärts,
hoher Ton, brutzle die Seelen,
schmackhaft bis zum Ende
der bekannten Melodie,
und fange, falls du noch musst,
ungeniert von vorne an,
es gibt keine Wiederholung.

Ich bin schon unterm Tisch,
ich bin entkommen,
ich studiere meine Spuren,
welch ein Glück für einen
studierten Schuhmacher,
welch ein Glück für mich.

Es fasst sich zusammen,
ich spür ums Gehirn das Band,
verschnürt, schau ich noch
hinaus ins überlebende Land,
grüße das Eis, Heil, Eis,
mach's gut, liebes Eis,
ich geh dir voran, im
März, April kommst du auch.

Wer nimmt mich noch,
ich nehme keinen, dass das
klar ist, keinen, ich tauge
nur noch zum Feind, es
ist eine Frage des Pulses,
liebe Leute, bleibt mir
vom Hals, ich wünsche nicht
solche Floskeln, nicht wahr,
gehört ist gehört, ich war
nie mächtig, das kannst du
mir glauben, und wenn das
vorbeigeht, aber wie, wer
wirft mich wieder an.

Wovon ich wegdenke, da denke ich hin. Ich kann nicht lernen, nichts zu denken. Und das wird von Tag zu Tag gefährlicher.

Wenn ich sagen würde, was ich denke, wäre ich erledigt. Ich bekomme meine Illegitimität zehnmal täglich zu spüren. Politisch und privat.

Was soll ich mit Wörtern,
ich lese nur noch, was Gestorbene
schrieben, weil es mich unter-
richtet, der hat das geschrieben,
und jetzt ist er tot,
ich muss noch einige Zeit lesen,
begreifen muss ich es nicht,
ich muss nicht denken, ich hätte noch
mit euch zu tun, wer ist
der Raffinierteste hier, ich
stiege gern aus, bitte, wie
geht das, geht das so.

Vorher war was,
ein Mensch zu viel,
der fortwill, weißt du,
ohne Hass, einfach fort
unters Gras, verstehst du.

Was du bloß immer hast,
ich rutsche sicher,
ich bin am sichersten,
wenn ich rutsche.

Wenn es so bleibt,
bin ich ein Krüppel,
wenn es so bliebe,
also so bleiben würde
wie es jetzt ist.

Was möchtest du, als
könntest du's kriegen,
die Formen gibt es, aber es gibt
auch Verneinungen, es gibt
alles, nur nicht in
Wirklichkeit, in Wirklichkeit
rosten die Knie, mein Mund
friert.

Im Hotel: XYZ. Sie bedient sich an mir. Ich liege von elf bis drei, sie manipuliert mich, wie leicht ist es, einen Mann zu vergewaltigen. Man liegt da, rührt sich nicht, wünscht sich weg, stellt sich tot, es nützt nichts. Das Teil macht gemeinsame Sache mit der Vergewaltigerin. Aber den Überfluss verhindere ich. Und den Kuss auch. Und jedes Wort der Zärtlichkeit. Ich renne zum Bahnhof, verdrossen, in den nächsten ICE.

Nachlässig, brutal, hilflos
und unsicher im Gebrauch
schwieriger Instrumente,
aber fähig, jedem Winter
schluchzend zuzusehen.

Also wein ich mit dir,
Spätwintertag,
ich freue mich nicht
auf den Tod, dem ich
nicht widerstrebe,
sonntags schon gar nicht,
ich sage alles zu mir,
ich habe diese Gewohnheit.

Ich werde deinen Kopf
nicht vergessen, was denkst du denn,
ich werde die Namen der Sterne
aufschreiben und einsenden
und auf Belohnung warten
bis nach dem Essen,
ich werde dich streicheln,
gib mir das Zaumzeug,
trinkst du noch Tee?

Es prasselt
in der Höhe,
das Datum
nach Ostern,
ich höre Husten,
ich frage mich.

An den Schrecken sich halten, ohne den Schrecken aufzuschneiden, macht den Schrecken mächtig, du dienst ihm.

Ich bin es satt,
das seid ihr auch,
ich muss noch,
ihr könnt,
lasst mich,
warum schlagt ihr
mich, jammere ich
nicht leise genug,
stört es euch, wenn ich
jammere, mehr denn je
werden Starke gesucht.

Was kosten deine Schuhe, wer
macht sie, was hat der davon
und der, der sie verkauft?
Nicht barfuß gehen sollst du,
sondern fragen in der Fabrik.

Ich achte mich nicht mehr,
mein Unwert stellt sich heraus,
ich lebe für mich,
so bin ich überflüssig.

Am liebsten bliebe ich hier
in diesem Zimmer,
triebe mich im Trüben hin,
bis ich fiele und liegen bliebe,
stumm und ohne Sinn.

Man hat am Abend das Rad am Laufen zu halten, das man am Tag gestartet hat. Man muss tun, als sei man nicht matt.

Ich bin sechzig, glaubt es nicht,
schaut mir auf die Hände, nicht ins Gesicht.
Seid nicht freundlicher, als ihr wart!
Euch zu brauchen bleibe mir erspart.

Es mag nichts bleiben von deinen Fähigkeiten, wenn du sie brauchen willst für andere, also sind es Unfähigkeiten.

Der Deutschen Bank zu ihrem Hundertsten
Sie hat uns immer das Blut
von den Scheinen gewischt
und die Magenschmerzen
anderer, Dank sei ihr.

Taubnesseln und nasse Barone,
ein Oberland der Kirchen,
mich haut es hin, die Augen
zusammenfügen, meide Musik,
gewisse Kreise, bau Brücken
zwischen der Apfelblüte
und der Deutschen Bank,
bis du weißt, wessen
Angestellter du bist.

Kollege am Schalter, ich will
deine Hand, warum nicht,
ich höre dir zu, behaupte,
was du willst, ich lerne.

Nicht immer vor mir, bitte,
schlachtet doch sonstwo,
ich lese die Bilanz, ich sehe,
was meine Freiheit kostet.

Ich flottiere, flottiere,
Hass wäre zu viel gesagt,
viel wäre zu viel gesagt,
zu viel wäre zu viel gesagt,
zu viel Vivil im Mund.

Hausmeister, Waldgeister,
alle fest angestellt,
gegen einander zur Freude
der Besitzenden, die Schach
spielen auswärts, mindestens
im Kanton Val Paradiso.

Gnädige Frau Ruhrgebiet,
lass mein Rufen
du dir kommen,
lass dich doch nicht so
hernehmen, hau auf'n Putz,
den der Kosmetiker,
deine Langmut, Alte,
und jeder kann sich hochvögeln
bis Düsseldorf, ist die Hoffnung
von Wattenscheid,
wo wegen dem Ruß blüht das
Osterglockengelb hinter dem
Fenster.

Über das Komma, hinüber
über den Fluss,
drunter und drüber,
Kette und Schuss,
die Maschine ist naiv,
aber die Hand ist produktiv.

Blut fließt bekanntlich, ich wüsste gern, wohin.

Niemand kommt und sagt,
wie geht's? Gut, sag ich,
wie geht es selbst? Aber
niemand antwortet nicht.

Angst schon,
aber lasst ihr
Wolken gelten, oder
müssen's Wörter sein,
rheinaufwärts, es gibt
eine Richtung,
Produktionsmittel,
die Aneignung, beschützt
von saumseligen Wörtern
voller Vollkommenheit,
ich meine, meint
ihr nicht auch?

Mich trifft, schneidet aus,
ernennt, mich rühmt
der Börsenbericht, weil ich
Metaphern mache wie er.

Nicht so viele neue Seiten,
Freunde, macht es euch bequem,
lasst mir keine Ruhe, hetzt
mich ruhig weiter, ich habe
noch nichts im Kasten, oder
ich bin noch blank, ich weiß
noch nicht, ich murmle nur
den Zusammenbruch des Subjekts.

Wahnsinn spricht mit grüner Zunge,
unterm Tisch beim Essen
und mit vollem Mund,
von unserm frühen Tod.

Über siebzehn Neugierigen
geht die Sonne auf, über
einem Vergesslichen geht
sie unter, er friert.

Schau den Schiffen nach,
mein Mund erinnert sich,
es wird nicht hochdeutsch sein,
lass uns jetzt trinken.

Ich habe die Unverschämtheit, mich in der Schweiz nicht fremd zu fühlen.

Zwischen mehreren Ideen
sitz ich auf dem Boden,
klage über Kreuzschmerzen
und höre Klagen über Kreuz-
schmerzen in der Dunkelheit.

Was kannst du tun, wenn
du was tun willst, frag
nicht, sonst erfährst du,
was du tun kannst.

Gehen wir fischen, Kleine,
hinter den Büschen beißen
die Schönsten, und wir
ertrinken im steigenden Wasser.

Fällt dir der Hut vom Kopf,
die Sonne bricht aus,
die Feierlichkeit kommt
von der Kürze des Vorgangs.

Leisten
oder
Bruch,
ein Elch
streift im Nebel
ganz in Öl,
krass hustet
das Kind.

Meistens weitet oder erneuert sich über der Fläche
etwas, was du und ich uns heftig wünschen,
wirf mir den Ball zu, ich werf ihn zurück,
gib nicht nach, gib ja nicht nach, du schaffst es,
eine politische Bedeutung ist schon erreicht,
sieben Wörter drängen in eine Richtung,
siehst du sie?

Wird man mich hören, wenn ich
eintreffe nachts auf dem Platz
und niederstürze, dröhnend, und
nicht anders kann als jaulen?

Wie viele Jahre Gefangenschaft schon,
Tage zählen, Aufschub
von allem, jeden Schlag
hinnehmen und denken,
ich werde sie zurückzahlen,
und längst wissen, so viele
Schläge kann man gar nicht zurückzahlen,
das Unglück ist süß im Mund.

Würden Sie gerne Violine
lernen, kräftig sein, Salate
aus dem Garten holen, Brecht
lesen im Schatten der Linde?

Wir machen unser Kreuz und Leid
nur größer durch die Traurigkeit.

Sich unmerklich aus dem Feld ziehen,
sich enthalten,
innehalten,
immer weiter hinein in den Wald,
in die Berge, in immer tiefere Täler
stürzen dürfen.

Abwärts, Gekreisch,
schiebe die Scherben immer mit,
Idylle plus Husten, Ende.
Tot sind wir gleich seriös.

Die schwächer werdende Freude, eine
Magenfalte im Gesicht, meine
sich verkriechende Stimme, die
unüberwindbare Angst vor alten Freunden.

Ich zählte mit geschlossenen Augen
die Stiche, nannte bei jedem Stich
jedes Messer beim Namen, bis plötzlich
ein Stich neu war, ich schaute auf,
du warst es, dein Messer mein Freund,
ich grüße dich und dein Messer.

Als ich durch eigenes Versehen aus dem Fenster gefallen war und auf dem Pflaster lag, zerbrochen, kam der aus dem Parterre vorbei und fragte, ob ich seinen Schwager gesehen hätte.

Was helfen uns die schweren Sorgen,
was hilft uns unser Weh und Ach,
was hilft es, dass wir jeden Morgen
beseufzen unser Ungemach?

Lippengebet ist besser als keines. Jedes Gebet ist Lippengebet. Womit, wenn nicht mit den Lippen, soll ich denn beten? Und meine Lippen sind scharf drauf, ich auch.

Hast du die Stirn, ich hab sie nicht,
ich leuchte nicht, ich vermehre
Dunkelheit, in der sich viele
wehren und mich und sich verletzen.

Es regnet edel und elektrisch,
ich öffne den Mund, lass Tauben
hineinfliegen und Tauben heraus,
Steine hinein und Steine heraus,
ich halte mich nicht für schöpferisch.

Dem Geschehen treu, und wäre es nichts,
das Schicksal gurgeln im deutschen Hals,
die Amseln, ein Paar, im stiebenden Schnee,
und eine Spinne zu retten bin ich da,
in Träumen werden mir Koffer gestohlen,
und ich versäum jeden Zug, ich muss aber
die Wörter wie's Vieh auf die Weide treiben,
dass die Wörter wuchern über meine Wunden,
dass ich, wenn mir das Mitleid in der Nase gefriert,
geschmückt mit den Farben des Fleißes,
Moralen pflanze wie Salat.

Wörter, zögert nicht, kommt, bei mir habt
ihr zu tun. Ohne euch ist nichts. Mit euch
ist auch nichts, aber nichts als etwas,
nämlich Wörtlichkeit.

Ich möchte mich mir abgewöhnen,
das ist schwer, ich häng an mir,
ich gebe mich so ungern auf,
ich hoffe noch auf mich.

Es ist jetzt nicht mehr
so überraschend, ich bin
schon fast daran gewöhnt,
dass jeder seinen Grund
findet gegen mich.

Manierismus, haha, fremde
Sprache, Trocknung vieler
Ereignisse zur vorüber-
gehenden Aufbewahrung, ich
verdiene jetzt Geld, ich
arbeite, jetzt, gib mir bitte
zu trinken, wir stehen tief
im Feld und häufeln Wörter.

Wohin jetzt, so zu spät?
Das könnte ich und das auch,
über der Stadt Kreise ziehen.
Aber über mir nicht.

Was Skrupel heißt und wiederkehrt, wenn du an Straßenarbeitern vorbeifährst, die selber kein Auto haben, wiegt schwerer als Theorie.

Ich weiß, was ich verschweige.
Ich weiß nicht mehr, was ich verschweige.
Ich möchte wissen, was ich verschweige.
Ich möchte nicht mehr wissen, was ich verschweige.

Sorge du für mich,
ich kann es nicht,
ich komme zu dir in den Schatten
und bin durstig, bis du mich tränkst,
es kann mir sonst keiner helfen.

Unter diesen Umständen bin ich so,
in längeren Zeilen bin ich
anders als in kurzen, anders
als im Wald eines Hochsommers
während einer glücklichen Wanderung.

Das bleibt, das bleibt, du wirst sehen,
das bleibt, herzlich rennen alle in
der Sonne, vom Fensterbrett reißt die
Milchkanne der und trinkt sie aus.

In meinem Kopf möcht ich nicht wohnen,
dieser Krach und die Maschinen,
ein Pfeifen höher als alles Bekannte,
ein Brummen aus unterirdischen Sälen.

Was ich denke, ist beschämend,
mein Herz wird zerquetscht zwischen
zwei Ziegelsteinen, weit im
Feld rasselt der Laster.

Das Wichtigste, leider, ist das, was man tut. Wenn das, was man nicht tut,
das Wichtigste wäre, säh ich dem Urteil ruhiger entgegen.

Ich hocke da ohne Ambition,
hege menschenfreundliche Wünsche,
die werden abgeschlagen, ich richte
mich auf, ich lerne.

Weihnacht verschaukelt uns,
Karfreitag drückt nieder,
auf geht's am Ostertag,
Pfingsten erschüttert.

Ein Mörder, der nur noch Millionen verdient und
Krebse essen kann und Hugo Wolf lobt, mit dem
sitzt du, ihn billigend, am Tisch
und denkst, du studierst ihn.

Welle, helle, unbesiegte, schäumend,
wo werde ich heut in acht Tagen sein,
kennst du die Kiesgrube schon, in der
der rote Ball verschwand?

Wie lange willst du uns noch deinen Schrei
verkaufen aus deinem teuren Badezimmer,
deinen Aussatz, vor Spiegeln gezüchtet,
deine hervorragende Verzweiflung?

Geistreich bist du, schönstens gewunden,
schaust deinen Sätzen nach, Musik ist
dein Teil, dich erreichen nicht Hagel,
Frost und Politik.

Ihr drängt herein und fragt und zahlt,
ich habe nichts, seht ihr nicht, leer,
also zieht ihr mir die Gedärme aus dem
Leib, sie sind auch leer.

Wäre nichts mehr zu tun, alles wäre schon
gut eingerichtet, keiner drückte
den anderen, nur der Tod drohte noch,
dann dürftest du verzweifeln.

Wanderer, wenn du aus Moskau kommst,
sag, du habest dort die Leute leiden sehen,
oder sag, der Teppichboden im Kreml
wirft Falten, sonst wirst du deiner Tage
nicht froh.

Vom Ruhen müde,
geil vor Verdruss,
und auf dem Kopf
deine warme Mütze.

In deinen schönen Bauch krall ich mich, Europa,
aus deinen Poren pul ich Hoffnung,
du in Ost und West Beleidigte, Standhafte du.

Auf mich stützen sich gestürzte Bäume,
Obstgehölzen zählt mein Geist den Behang,
mein Bart ist aus grünem Gras, ich
bin glücklich tot.

Im Haus schwimmt ein Klavierkonzert,
draußen treibt der leichte Schnee,
das muss ich, bevor es vorbei ist, aufschreiben
und sagen, dass es Sonntag sei.

In meiner Brust blüht eine Bisping-Rose,
ich bin am liebsten fern von mir
und esse eine Herbstzeitlose,
serviert auf dem Klavier.

Wie das wieder untergeht,
wie das wieder sinkt.
Wenn der Sturm von Osten weht
und die Grube stinkt.

Wir, die in den Regalen verstauben,
die Unberührbaren immer schon,
wir lassen uns den Glauben rauben
an unsere gedachte Mission.

Wir geben unsere Zungen preis,
es salze sie für immer der Staub,
wir schmücken uns mit dürrem Reis
und Duft von braunem Laub.

Warum ist mein Kopf so schwer,
dass ich ihn kaum noch trag,
warum ist mein Kopf so leer,
dass ich kein Wort mehr sag?
Was habt ihr mit mir gemacht
in zwanzig Jahren?

Ach, die Schmerzen, die ich leide,
sind so groß nicht mehr,
wie sie waren, als wir beide
liebten ohne Gegenwehr.

Herzens Wunsch
Ich wollte, alle Seiten wären voll
und es hörte in meinem Kopf nicht mehr auf zu schneien,
weil alles verdorben wär, verdürbe nichts mehr.

Das Konservendosenhafte Liz Taylors
oder das Liz-Taylorhafte Romy Schneiders
immunisiert mich vollkommen gegen
den Gestütsnaturalismus Brigitte Bardots.

Wie sich die Räume dehnen,
wenn ich denke. Endlich darf
von mir aus ein Gentleman passieren.
Die Wände biegen sich, die Decke drückt,
kein Lächeln hat Platz, aber reglose Wut.

Komisch, was kommt,
dass ich es nicht sagen kann,
ist das Schreckliche, stumm schau ich auf
zu denen, die jetzt den Mund aufmachen
und sprechen. Glaub nicht, was du siehst,
jeder Tritt wie auf Wörter,
sie können nur steigen und fallen,
bleiben können sie nicht, aber spuck sie,
wenn du dran denkst, wer sie im Mund
gehabt hat, nicht aus. Es wird regnen, frieren.
Wenn schon Weisheiten im Eis, dann wärmende.
Wir haben ein Recht auf freundliche Laute
oder Schweigen. Wir sind alle Archäologen.
Gräber bringen Glück. Vögel ziehen uns
die Zähne, es gibt Gesang. Die Flußbiegung
begradigt sich. Zusammenzählen
Licht und Schatten. Ich kann die Tür

nicht schließen. Ich wär ruhiger,
wenn ich das Geräusch des Schließens
in meinem Kopf gehortet hätte heute Nacht.
Angst, dass der liebe Gott eintreten
könnte. Ich habe eine Klammer
ums Herz. Es schneit uns in die Augen. Wenn
der Film aufhören würde, wären
wir sehr ungehalten. Manchmal
fällt etwas vom Dach. Das Klirren gehörte
nicht zum Regen, das war der böse Mann, den ich
eingeladen habe, weil ich nicht
an ihn glaube. Der Bart wächst in
den Sommer und fängt an zu erzählen.
Obwohl ein Insekt mein Bein heraufkriecht,
schweige ich. Das Schweigen wird
vom Wasser geschmückt. Der Hass hat
Betriebsausflug. Ich mach den Blumen Platz.
Die haben das Wort. Du wirst schon sehen.
Also bitte, es ist nicht anders, als wenn
die Maus in der Zeitung raschelt, sie hat Angst
oder Hunger und macht etwas falsch
oder richtig, aber dass sie
die *New York Times* gelesen hätte,
kann man später nicht sagen.

Geheimnisse, die über einander gestolpert sind,
liegen am Boden und wirken, als warteten sie
auf mich. Wenn ich mich bückte,
wär ich verloren. Ich bücke mich.

Blutend aus erdachten Wunden,
Eis lutschend in der Parksonne,
die Seele voll vom Comicstripmodel.
Könnten wir nicht weiterfahren ins
Bachmannland, wo keine Zimmer bestellt sind?
Was blüht uns denn hier noch als
dann und wann ein besiegtes Kind.

Und die grün-roten Schuhe ziehst du an auf die Reise.
Erlöse mich, o Herr, lass meinen Schuh
aufflammen, wenn er drüben den Boden berührt,
verbrenne mich gnädig im Nu.

Ob ich dich seh,
ob ich mir die Hände
oder dir die Seele verdreh,
ich bin am Ende,
ich geh.

Ich weiß nicht, wie wenig Zeit ich habe,
sonst könnte ich nicht sein,
der Mangel ist meine Gabe,
mit Reimen stemple ich den Schein.

Ich stoß nicht Tag und Nacht mit dem Gesicht gegen Wörter. Wohin ich auch geh, es pfeift etwas wie Wind über etwas wie Leere, zahnlos kau ich den Vergleich von WIE und WAS und bestreu ihn mit Asche, dass niemand ausrutscht auf ihm, falls es jetzt friert.

Zum Glück hab ich Herzstiche
und Ohrendröhnen und -sausen,
zum Glück fühl ich mich nicht wohl
und wäre lieber schon draußen.

Auf dunklem Wasser Abendgold,
der Rand der Erde rot, es zeichnet der Mond
sich aus im farblosen Blau, auf nackten
Winterzweigen blühen schwarze Amseln,
die Boote an den Bojen starren auf ihr Bild,
lieber verdürbe ich hier,
als dass ich auswärts gediehe.

Wie wir bleiben,
zu bleiben versuchen,
die Hände heben
mit ebenen Handflächen,
wir stemmen das Gewölbe dieses Himmels,
die Schlangen fliehen
und die Kaninchen
in eine Richtung,
und der Wind flieht in diese Richtung,
nur wir stehen noch,
stützen den Himmel
und singen zu viert ein Lied,
einstimmig,
und hören eine Flöte,
eine furchtbare Flöte.

Wilde Steine schreien aus dem Wasserschwall,
die Blätter sieden an jedem Ast,
schwarze Käfer ergießen sich in Scharen
auf die Terrasse, der Besitzer isst ein Eis.

Sie bringt auf der Platte Silberfelchen, Lauch und Gelbe Rüben und Kartoffeln und Salat und die Mousse. Die so entstandene Freundlichkeit schlag ich, der König Drosselbart, entzwei.

Auf breiten Sträuchern kochen Mückenschwärme,
die schwere Luft trägt Glockenschläge
her, von wo keine Kirchen stehen,
die Rosen lauschen überrascht,
der Seewind silbert die Weiden,
wirft Tropfen an die Scheibe,
jeder Busch ist seine Orgel,
dem Jasmin bläst er das Leben aus,
er versucht das Haus.

Verhalten reich und strömend,
beten wie tanzen,
wie aus Honig kommt aus euch
alles, ihr scheint in Bildern
zu wohnen, aus denen wir,
Vertriebene, euch unachtsam befreien.

Klammert sich eins an das andere,
sich rettend, verliert es sich.
Schiller und Goethe meinten,
einander zu steigern.

Zum Gähnen geneigt, kein Recht
auf etwas, ruhend im Beutenest,
bis zum Hals in Privilegien,
das steinerne Herz meldet Schmerzen.

Ich lebe von wenigen Rosen,
die Sonne kommt zu spät, ich
zeichne Sekundensterne, Pferde
scheinen zu trauern. Ich auch.

Eingesperrt ist schön,
und unverständlich klimpert
das Lied an den Stäben.
Halleluja, lieber Mond in der Höhe.

Auf mir liegt eine Last, die keinen Namen hat. Was ich sage, ist von ihr erpresst.

Trocken verdämmere ich in Angst und Stille. Ungebraucht. Leben und Tod sind mir fremd.

Ich neige mich über die Abwesenheit und trachte nach ihrem Ton. Ich bin stumm vor Neigung zum Glück.

Es ist nicht mehr inhaltlich bedingt, dass er zu schreien anfängt. Wenn er unter Sozialisten ist, schreit er gegen den Sozialismus. Unter Friedensbewegten ereifert er sich gegen den Frieden, er kann das Wort Frieden nicht mehr hören. Unter Kapitalisten schreit er gegen den Kapitalismus. Er schreibt den Lyriker an, der etwas Christliches verwendet, er hat sie satt, diese christliche Ware. Wenn der Konservative ruft, dass das Leben unantastbar sei, ist Abtreibung sein Evangelium. Gegen sich selber hat er nichts. Mehr als das will er jetzt nicht sagen.

Mein Nacken gleicht dem Hirtenstab und wartet auf die Hand.

Höchstens die Bäume kämen durch ihre Standhaftigkeit, und weil sie weiter reichen, hinaus über unsere Verblendung, die Zeit.

Wenn die Flüsse unwissend sind, sind wir es auch.

Wir sind nicht so schön wie Gitarrenklänge, die man durch Wände hört.

Abends schleifen Losgelassene durch den Bahnhofs-Grund und sättigen sich an Farben aus einem schwarzen Quell.

Noch keiner ist feig. Gläsernen Mutes spielen wir, was verlangt wird, manche können küssen mit einem liebevollen Mund.

Ich bin ein Schwamm, in dem die Schwere nistet. Ich gehe unter an mir selbst.

Oh, könnt ich doch im Konjunktiv leben,
ich würde singen, als hieß ich Caruso,
und meine Gespielin wär die Pompadour,
nur aufs Schafott ging ich im Indikativ.

Gehüllt in eine Schwere, warm und süß,
im Abseits geborgen, fast schon fähig,
nichts zu denken, komm ich mir vor wie
ein verstummter Musiker.

Hell klingt das Kies von Schritten,
das Wasser löscht den Klang,
der Wind erhält ein Brausen,
ich bin der Schmetterling.

Morgensilber dringt vom See
durch Luft und Land,
die Sonne löscht es aus
und restauriert die alten Farben.

Die Welt schwankt angenehm,
das Hirn brennt leer,
ich winke die Berge,
die Berge winken mich her.

Wie sich drehen,
wie sich wenden,
dem Banalen zu entgehen,
das an allen Enden
lauert wie ein Reim.

Streng bewache ich meine Motive.
Was mich nicht preist, unterdrücke ich.
Zugelassen wird, hergerufen wird,
was mich rühmt. Was bin ich
für ein schlechter Handwerker.

Sammelt sich denn nichts mehr? Zum Betrug nicht geneigt. Was dann? Wiederholung annehmbarer Täuschungen.

Mein Körper verlangt Privilegien. Er droht mit Kündigung. Nimm sie doch an!

Die jetzt noch gegen mich sind, können keine Ahnung haben, gegen wen sie da noch sind.

Die Bäume stehen im Regenglas,
die Rosen trauern nass,
von den Zweigen tropft es weise,
der Himmel ist mein Grab.

Wenn ich im Anschaun dieser Zweige stürbe,
käm' ich in den Himmel Immergrün
und erwürbe eine Seligkeit,
in der die Sonne immer schien'.

Ich stoße kurze Schreie aus
und wünsche, sie wären noch kürzer.
Sobald ich verstumme, sink ich
zu den toten Schauspielern.

Geboren zwischen den Quellen von Donau und Rhein, folgte ich keinem Fluss. Ich blieb.

Was wird mir,
mir kann nicht,
wie soll denn,
es hat doch,
auf jeden Fall werde ich,
oder wenigstens will ich,
aber vielleicht sogar,
wenn nicht, dann doch,
allerdings müsste ich
und kann nicht.

Die Nacht liegt in meinem Zimmer,
eine bewegungslose Last,
ohne einen Laut,
ich bin gefasst.

Nichts zu haben selber, was einen ausmachte, unverwechselbar, also beschenkt mit Notwendigkeit, ist immer mein Befund, dem ich, unüberzeugt, zum Zeitvertreib, widerspreche.

Schicksallos rauschend,
schnell und unbestimmt,
heiß von Leere und Willen,
angestrengt vom Ende,
kippen wir uns in den Grund.

Ich liebe den künstlichen Ton, in dem nichts atmet, nichts schreit. Viel zu früh habe ich auf die Uhr gesehen und Schluss-Parolen gesagt, als ich noch hätte leben können. Jetzt ist es zu spät, jetzt bleibt nur noch die Uhr.

Ich fahre mit Rückenwind in die Tiefe,
die Erde ist mein Schiff,
ich schau dem Tod ins Gesicht
und sag: Es gibt dich nicht.

Ich bin weder ich noch ein anderer,
ich erstrecke mich von Zeit zu Zeit
und frage mich wie ein Wanderer,
bin ich bald da, oder ist es noch weit.

Wenn ich melancholisch bin,
wieg ich drei Tonnen,
dös tagelang vor mich hin,
ins Blei versponnen.

Manche meinen, ich sei munter,
die sind mir lieb,
am liebsten möchte ich, dass ich als
Untergang ihnen als Aufgang blieb.

Es hat, was geht, keinen Wert,
wir können das Rasche nicht loben,
nur was sich gegen alles kehrt,
sieht dann aus wie von oben.

Voller Eifer, Eiter und Zorn knie ich
in den Flammen des Sonntags Oktober
und wenn ich nicht feig wäre, schriee ich:
Noch ein Glas Bier, Herr Ober!

Ich liege, das Gesicht nach unten,
und lache ohne Geräusch,
man könnte sagen, in mich hinein.

Weil ich nicht weiß, warum ich lache,
verberge ich es, auch weil ich finde,
Lachen stehe mir nicht.

Lippen, Finger, weite Betten, Flure,
Bänder, Knie. Und vom Boden aller
Weiher steigen Feen, Dämpfe, Ober-
bürgermeister. Eine Stimme, die
ein Amt hat, sagt: Noch mal von vorn.

Von Bäumen reiten Blätter fort
auf dem Rücken des Windes,
wie jeder Wurm sterb ich für immer.

Ist mir ein Schmerz ins Netz gegangen?
Blutet der Spiegel, in den ich schau?
Habe ich im Kopf ein Werk aus Pein? Wer
hat mich in seiner Gewalt? Hör auf zu verlangen.

Ich staune, kann es wieder nicht fassen,
was ich halten will, muss ich lassen.

Lass mich hinein in die Täler,
Berge, stellt eure Wände um mich,
mir läge an einer grünen Geborgenheit,
ich gebe zu, es gibt nicht genug Berge,
so viele suchen Schutz.

Herz, stich doch nicht so, als wären wir ein Kartenspiel.

Was nicht verlangt werden kann, wird verlangt,
das Bedürfnis, der Einzige zu sein.
Die Gratisherrschaft errichten will jeder über alle.

Betrübnis ist eine weiche Last,
vielleicht feucht und gedehnt,
inklusive Wärme. Rufe fehlen.
Gerufen, wüsste ich, was ich will.

Ich kam von daheim,
den Mund voller Wörter,
die sind mir genommen worden,
jetzt bin ich stumm.

Leibarzt der Verlorenheit,
Kenner des Schnees,
Freund des Fehlens,
Ausbund des Nichts,
zur Litanei gehörend,
jedem geb ich die Hand.

Ich habe durch jedes Fenster geschaut,
das Unglück richtet Stäbe ein,
die Eingeweide bluten,
der Winter ist ein weißes Wort,
die Kälte hält warm,
ich überlebe jedes Mal.

Oh, dass ich mich regte,
dass ich ging,
dass ich nicht glaubte,
ich hing.

Alleinsein hat keinen Ton,
lautlos wartet, wer allein ist,
sobald er Gott annimmt, singt er,
sich durchschauend, wird er stumm.

Kurzer Zweige aufgeregtes Winken, hoher Bäume Schwanken, dies Bedürfnis nach Schein. Sich wegducken dürfen.

Morgengrauen und Wasserspülung,
aus Versehen die Schnecke zerdrückt,
mit Absicht in den Finger geschnitten,
o Tod bzw. Quatsch mit Soße.

Jetzt bricht die Dürre aus
mit lebendiger Gewalt
und überblüht mein Haus,
mit Todesgestalt.

Die Schwere der Ermüdung kann man, solange sie auf einem liegt, gar nicht einschätzen. Erst nachher, wenn man durch irgend einen Wechsel, sei es des Wetters, der Mond- oder Sonnenstellung oder der Laune des Schicksals, wieder und gegen jedes Erwarten erfrischt wurde, kann man, jetzt erst richtig erschreckend, zurückschauen auf die Tiefe und Hoffnungslosigkeit der Zeit, da man unter der Ermüdungsschwere lag. Aber mehr als zurück schaut man doch vorwärts, der nächsten Schwere entgegen. Die Gegenwart hat die Tendenz, auszufallen.

Abends trink ich wie einer, der schwer gearbeitet hat. Dann breche ich aus in böse Tiraden. Ein Zwang, das Schlimmste, das Unmöglichste zu sagen. Kaum bin ich bei L L, muss ich sagen, dass ich von Freud nicht so viel halte. Das kann nur blankes Erstaunen hervorrufen. Wenn ich mich selber dann auch ein bisschen heruntersetzen will, fällt das unglaubwürdig aus. Es klingt, als meinte ich meine Selbstbezichtigung nicht ernst. Es gelingt mir keine glaubwürdige Selbstbeschimpfung.

Wärme, zurückkehrend, findet mich vor.
Wäre ich gegangen, die Stelle kalt,
wäre nichts mehr gewesen. Auch der Schmerz
braucht einen Ort. An der Küste des Wahnsinns
weht der Wind, der nichts bewegt.

Ich weiß nicht, wie, und weiß nicht, was,
nur dass ich gern sänge,
aber mein Mund ist schwer und schwarz
und schreit vor Enge.

Es hat sich ausgezählt,
ein Dunkel hat die Welt,
man hört die Schnurren pfeifen,
es räuspert sich der Groll,
der Schmerz fährt neue Reifen,
jetzt kreischt, wer singen soll.

Adieu, mein Tag, ich leg die Brille ab
und pflanz eine Antenne auf mein Grab,
gute Nacht, Rautendelein, gute Nacht, Marie,
der Tod macht aus uns allen Phantasie.

Feierlich, Sonne und Glanz,
unbefragbares Himmelsblau,
der Schnee ruht weiß, der Wetterstreit
ist aus, der Winter hat uns ganz.

Bilanz

Es hängt der Dezember vom Himmel
langsam eilt der Tag,
abwärts weisen die Zeiger,
Stimmung muss sein jetzt.

Um einiges zu viel wird gefragt,
noch mehr wird geantwortet, Äpfel

werden nebenbei gegessen, keiner
schaut zum Fenster hinaus.

Mir betet durch die Gedärme
der Verderb. Ich habe Grund
erworben und schaue hin und her.

Die Wolken ballen die Fäuste.
Ich verjage mich aus der Wärme,
ich verberge mich im Licht,
ich preise mich an bei den Würmern,
ich liebe mich nicht.

So fromm, wie wir waren, wird niemand mehr sein. Mir kommen wir vor wie Postillone des Sinns. Wir setzten das Gold der alten Instrumente an den Mund und gaben Laut. Wir hatten nichts, also Tendenz. Jetzt scheint vielen die Sonne ins Gesicht, sie tragen dunkle Brillen, bauen Verzweiflung an, als wäre es Wein. Zum Glück fehlt jedem die Not.

Allmählich begreife ich den Radikalen aus Köln, diese Menschlichkeit, die keinen Aufsatz schreibt über Humanismus. Ohne aufzupassen, habe ich mitgekriegt die Genauigkeit dieser Liebe. Ich merke, ich habe etwas gehabt davon, dass Böll es sich schwer gemacht hat. Was mich betrifft, waren seine Mühen nicht umsonst. Ich bin ihm dankbar.

So auf Bedeutung bestehen
wie der und der? Ich zieh
es vor, nichts zu erleben,
ich mag gern vergehen.

Der Engel des Herrn macht Termine,
die Winde pflegen das Eis,
fallen lernen wie die Nüsse,
Freundschaft noch mit Bäumen,
Fisch und Vogel senden die Grüße.

Glaub nicht den Sekunden willkürlichen Stärkegefühls, das dir vorgaukelt, du seist selbst die Quelle von allem und unabhängig und könntest deshalb entwerfen, bauen, gestalten, wie es dir beliebt. Verlässlich ist, was du nicht machst, sondern entgegennimmst.

Sich zusammenfalten, verkleinern,
bis du ein Knäuel bist und hart.

Das Dasein ist ein Dickicht oder eine Leere. In beidem ist es schwer, sinnvolle Bewegungen zu machen.

Gefallsucht als tödliche Krankheit.

Mein Gesicht ist eine Tür,
durch die man hereinkann,
aber nicht hinaus.
Mich verändert alles,
ich verändere nichts.

Lassen Sie mich los!
Bitte.
Bitte, nicht.
Na also. Weiter.
Nein, nicht, nicht!
Bitte, wie Sie wollen.
So kommen Sie doch.
Also, gehen wir, vorwärts.

(In dem idyllischen Verhältnis von Sklave und Sklaventreiber eilen sie weiter.)

Ein Leichnam liegt, die Vögel
singen, keiner ist allein,
aber wir kennen uns nicht,
darum haben wir Namen.

Jedes Wetter ist schön.
Mit grauen Wolken, die Silber
enthalten, tobt der Tag.
Ich bin in der Lichtung,
fort von Geräuschen,
ich weiß, dass ich
zurückmuss, es gibt
keinen Gewinn.

Blutend durch die Tage, nachts den Mund auf die Wunden pressen, die der Mund erreicht.

Das Schönste ist doch die Lächerlichkeit. Eine Krone ist sie, die nicht wankt, so passt sie auf meinen Kopf.

Was ich bereue:
dass ich den Opportunisten die Hand gab,
dass ich meine Verachtung verschwieg,
dass ich freundlich war, wo ich hätte schreien müssen,
dass ich mich nicht traute, böse zu sein.

Wie eine Peitsche schwingen Frösche ihren Ton,
das Tal hallt wider, der Mond
vergießt Licht, ich habe kein Schicksal
als das Papier. Mein Schmerz verbindet mich
mit nichts, er wird unbekannt vergehen
wie ich und du. Lass mich jetzt sein,
alles ergreifendes Licht,
ich wäre gern draußen.

Wir rasen mit offenen Augen,
was sind wir für Bastler,
wie interessiert an Regelmäßigkeit,
jedes Mal wenn ein Gewicht hinunterfällt,
horchen wir, auch ich bin von Zahlen
begeistert, hell vor Vertrauen.

Lass mich hinaus. Befreie mich
von dem Wunsch, da zu sein. Löse
mir die Hände vom Bord. Der Frieden
jagt am Himmel, senkrecht
stürzen Gespenster herab
und decken uns zu zum Ersticken.
Dass er gelebt hat, gibt keiner zu.
Jeder zeigt mit einem Kinderfinger
auf weiße Flecken, da war er noch nicht.
Ich gleiche allen, keiner gleicht mir.
Ich träume von meinen Füßen.

Die Sonne geht unter, als gehöre sie hierher.

Mitten in der Nacht von einem Schmerz
umarmt, eitel, ausgesucht, vom Tod
faselnd. Heute Nacht setzen die fahlen Birken
grüne Perücken auf. Ich werde fehlen.

Ich will von Dingen nichts mehr wissen,
dem Regen füge ich mich,
immer genauer richte ich mich
nach der Sonne. Vergesst mich,
wie ich mich vergessen habe.
Weil ich die Sprache des Regens lerne,
vergess ich die Wörter der Leidenden.
Bin ich bestochen?

Die Zeit zu zwingen, ins Gedicht
zu gehen, trotz des Geräuschs,
das Geschwindigkeit heißt, uns
liegen lässt, weit auseinander, dass
einer den anderen nicht hört und,
sich unbekannt, verstummt.

Alles will geweiht sein
durch Freude, es geht
auch Schmerz, Tränen sind
ein Ausdruck von Lauch, Liebe,
Eile des Lebens. Ich hatte Grund,
gut zu sein. Ich weiß es nur zu spät.

Ich sitze am Ufer,
der Fluss ist das Leben.
Ich möchte wie Musik sein,
unmissverständlich, berührend die Stelle,
an der du lebendig bist.

Von Mal zu Mal werden wir die Hoffnungslosigkeit, in Musik ausgedrückt,
als etwas Besonderes erleben.

Innen das Gewicht will Bewegung,
ein Wort am Start, such
mit den Augen ein Ziel,
es darf ein Vorwand sein.

Man wird entdecken, wie weh
das Leben tut. Wer will noch
leben? Herz, warum versagst
du nicht? Puls, hör auf zu schlagen.

Karfreitag, Name einer Flüssigkeit, die sich durchs Jahr
hinzieht und aufgeleckt werden muss jeden Tag.

Schamröte schmückte uns. Schöner ging's nie.

Ich habe keine Haltung mehr,
mir bleibt nichts im Mund,
meine Wörter sind schon leer,
ich schau dem Krug bis auf den Grund.

Das Sterben hat jetzt angefangen,
du spürst schon seinen Stich,
das Ende öffnet seine Zangen,
jede Sekunde meint dich.

Sie rufen dir zu, wie wenig du bist,
als wüsstest du's nicht,
sie schreien's dir ins Gesicht,
dass du nichts bist als Mist.

Mein Mund gehorcht dem verschließenden Laut,
in mir wohnt mehr, als ich sagen kann,
alle Alter sind mir vertraut,
jetzt fängt die Ewigkeit an.

So viele Zeichen, das ist das Schöne,
ich brauche fast nichts, die Zeit
ist der Einbildung gut, ich wähne
mich voller Notwendigkeit.

Rudere noch in den Abend hinein,
lass die Hand im Wasser liegen,
nie mehr wird der Schein
dich so mit Gold aufwiegen.

Wen ich eigentlich liebe,
dem schreib ich eine zweite Strophe,
in die ich alles Liebe schriebe,
das ich erhoffe.

Lass mich, ich siede, mich sticht
das Licht, lass mich, ich will
mich nicht rühren, lass mich, ich
will frieren, mir hilfst du nicht.

Ich bin versenkt, versunken,
kaure am Grund,
habe meine Adresse verbrannt,
habe mein Glas nicht ausgetrunken,
mir wächst keine Blume im Mund,
ich bin Herr Sogenannt
und bleibe mir unbekannt.

Wie der Tropfen in die Tiefe fällt,
als wüsste er, wo er bleibt,
rennen wir durch eine Welt,
die den Tod betreibt.

Lass mich zwischen ein paar Geräuschen
niederknien und warten,
bis keine Hoffnungen mehr täuschen.

Der Tag zieht's Licht ein wie eine Leine,
auch ist, als schlösse sich ein Mund,
ich kann mich immer nicht bequemen,
eckig steh ich in dem Riesenrund.

Wenn ich den Sonntag nicht begrabe,
begräbt er mich,
wenn ich irgendein Erbarmen habe,
erliege ich.

Ich werde mitgeschleift von einem Schiff,
verhöhnt von den Leuten an Bord,
ich müsste nur loslassen, versinken,
ertrinken, und alles wäre gut.

Bin nicht Kafka, Hardy, Melville,
bin ein Groteskskribent,
bringe Politik ins Spiel,
längst widerlegt vom Dissident'.

Verzweifelt sucht die *FAZ*
eine Feder, die mich loben könnte.
Sobald das dann im Tiefdruck steht,
ist's ganz die alte Ente.

Da war ich auf dem Papier zu Haus
und habe nicht gewusst, nur gespürt,
dass ich zu Haus bin auf dem Papier.
Dann wurde ich zerquetscht, es war aus.

Immer baut eine Scheu
Mauern, kein Laut
traut sich aus mir hinaus,
so bin ich zugebaut.

Ich habe mein Leben mit ein paar Schlagern
verbracht, die Luft war oft nicht gut,
wir rauchten hastig die ganze Nacht,
jeder hielt sich für eine Glut.

Ein Professor hat mich angeschissen
und dabei in der Luft zerrissen,
mein Goethe sei für nichts gut als für Geld,
hoffen wir, dass der Professor recht behält.

So alt und ungerüstet,
sei halt stumm,
nur weil dein Feind dich nicht stößt,
fällst du um.

Zermürbt. Im Innersten. Nur dass ich's nicht merken lassen darf, ist noch interessant. Das ist der Stoff. Mein Stoff. Die Verstellung bis in die äußerste Situation hinein. Und das ohne Lüge, ohne Falschheit. Ich muss einfach anders sein, als ich bin. Wenn die Wahrheit Ruin ist, darf sie verheimlicht werden. Das tendiert zum Theater.

Das Grün fließt über, die Sonne zerreißt
Zusammenhänge, in Schattenstücken
kauern Zählende, im Augenblick
ist der Sturz schön.

Wenn einem das, was man zu machen imstande ist, nicht mehr gefällt. Und man kann doch nicht aufhören weiterzumachen. Nur noch der Augenblick des Machens selbst ist erträglich. Sobald der vorbei ist, zerfällt das Gemachte zu etwas eher Widerlichem.

Sie wissen es nicht besser. Aber das wissen sie nicht.

Zerfressen von den Zähnen
meiner gnädigen Feinde,
Verurteilung herrscht,
weggeworfen, bad ich in Tränen.

Soll ich wieder Zeilen basteln
gegen die laute Beleidigung?
Felsen raten, still zu sein,
Täler nehmen dich auf.

Ich kann nicht sagen, dass ich eine Sprache hätte für mich. Ich muss sie Tag und Nacht leihen.

Zerstritten, ertrage ich mich nicht.
Ich fühle keine heile Stelle mehr.
Welch ein Lebensaufwand für ein bisschen Buch.
Was es gekostet hat, wissen auch die nicht, die es schätzen.

Man muss seine Feinde nähren, das macht sie müd.

Wenn ich eine Chance hätte, viel Geld zu verdienen,
vielleicht würde ich es tun. Ich bin so weit.
Sie haben mich hinausgedrängt aus dem
Gelände mit besseren Zielen.

Dem Geld sind inzwischen Funktionen zugewachsen, zugewiesen, die früher für Gott reserviert waren.

Warum gibt es nicht eine Gleitdroge, die in einem Zwölfstundenschlaf die Arbeit tut. Dass ein Faden nach dem anderen gelöst würde, und danach wäre man frei.

Das Leben hat sich aus mir zurückgezogen. Wer gibt der Hülle den Rest?

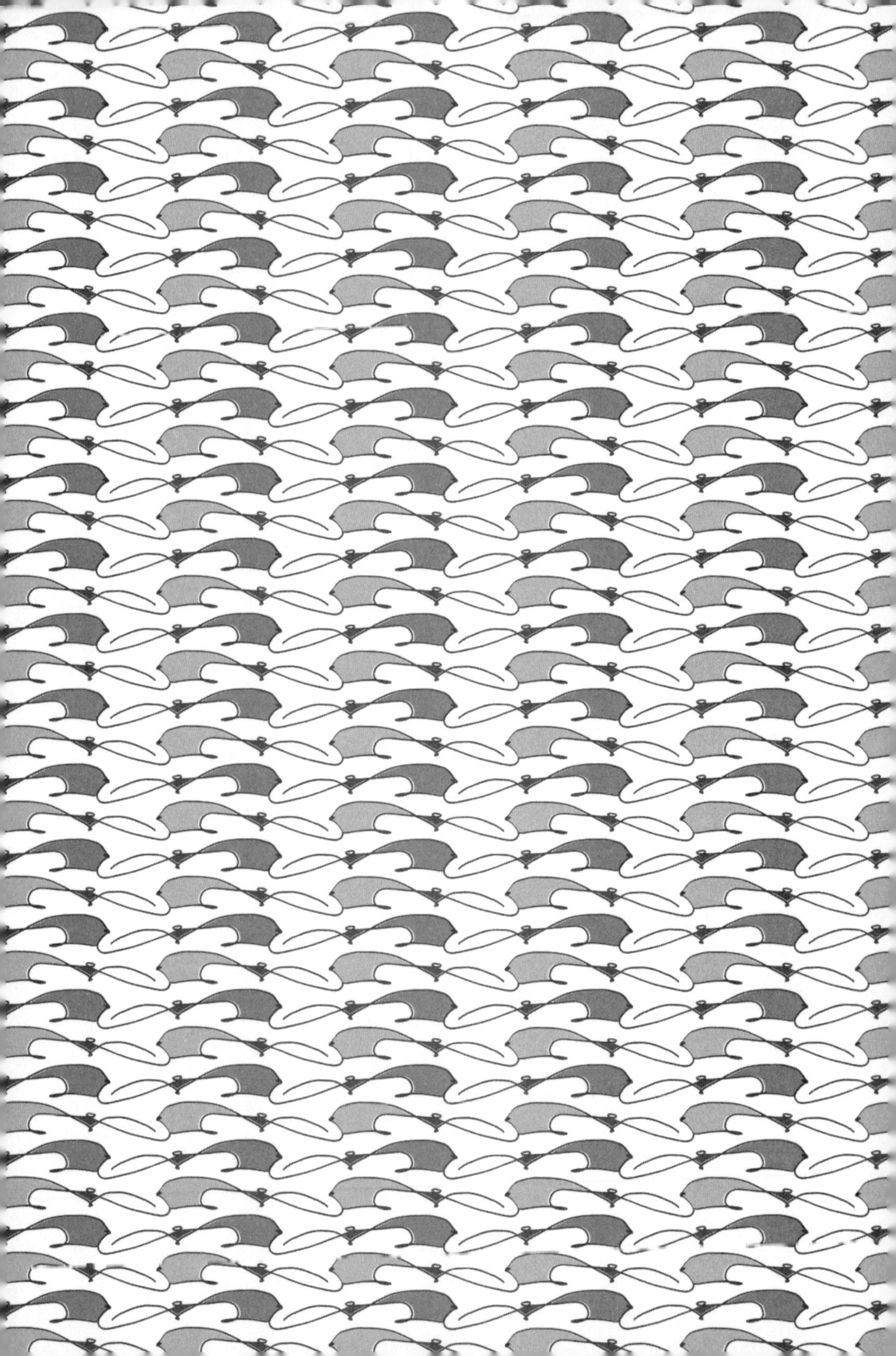

Einziehen, schließen, falten,
keine neuen Farben,
eben leben, keine Steigung,
den Fall nicht nähren.
Nur Schnüre entwirren
und sorgsam enden.

Mir ist wunderbar zumute,
ich möchte nicht wissen, warum,
die Bäume stehen im Licht,
die Welt ist ein tiefes Gesumm.

Zurückschwingen können
in den texanisch blauen Himmel,
dem vollen Vokal begegnen,
mit dem A. Leslie Willson seinen Namen
glockenschlaggleich eröffnet,
dann sich bedanken dafür,
dass er einen empfangen hat,
wie es nur der Southern Gentleman kann.
Kein Himmel gleicht, was Heroismus
und Freundlichkeit angeht, dem von Texas.
Kein Gentleman hat ein lebendigeres Wappen
als der aus dem Süden. Sätze aus seinem Mund
wollen Singvögel werden, die Schöpfung,
scheint es, ist in Texas noch im Gang,
und Mr. Willson mischt blumig mit.

Vielleicht ist die Sonne dieselbe,
wir sind's nicht. Vielleicht ist das Gelbe
dasselbe geblieben, ewiges Licht,
verblutet die Story, die Seele eisblank,
die Requisiten stoßen Schreie aus,
auf meinem Kopf tanzen die Tropfen.

Warum will ich nicht gehen?
Warum halt' ich mich hier?
Dem Befehl zu leben widerstehen!
Das Leben ist nur eingefleischte Gier.

So einsam, wie ich bin, kann ich nicht sein.

Steine verehr ich, möchte sein wie sie,
Mauern könnte man bauen aus mir,
mich zu schützen vor jedem Händedruck
und der Qual der Blicke.

Sich andauernd rechtfertigen müssen! Das Leben eine Existenzstrapaze.

Es gibt keine Rechtfertigung im Moralischen, deshalb bei jeder Problemberührung sofort ins Physische. Das Leben muss liefern, was die Moral verweigert.

Dieses öde Buchstabieren eines bedeutungslosen Lebens. Und dass es bedeutungslos ist, ist noch das Beste daran.

Das Ich rutscht aus mir raus wie nasses Stroh. Mein Blick hält nichts fest, ich reiche nicht über mich hinaus, ich ende kalt an meinem Knie.

Jeder Satz ist eine Glaubensleistung.

Der Tag hat einen schwarzen Rand,
jetzt tut das Leben weh,
es gibt für so viel Blöße kein Gewand,
mein Geschrei beschmutzt den Schnee.

Musik ist die größtmögliche Aktivität. Ich bin die größtmögliche Passivität, mir genügt das leise Brausen im Kopf, in den Ohren ein Druck, die strömende Schwere.

Wenn ich so tue, als könnte ich mehr, als ich kann, beeindrucke ich einen anderen vielleicht so, dass er es sich übel nimmt, nicht genauso viel zu können, wie ich zu können scheine. Sein Selbstbewusstsein nimmt ab. Ich glaube, das ist ein Vorgang, der massenhaft und seit eh und je im Gang ist von Jesus bis heute. Die Tradition ist ein Gebäude solcher Fiktionen.

Wie lange kann man auf die eigene Unzulänglichkeit aufmerksam gemacht werden, bis man anfangen muss, sie wenigstens flüchtig zur Kenntnis zu nehmen?

Nie mehr Vorbildliches, Nachahmenswertes! Das Gegenteil von Verkündigung. Entkündigung. Kündigung. Mit geschlossenen Augen sehe ich zum Fenster hinaus.

Unverloren im Gebirge der Wörter,
zugeschworen dem Speisekartenglück,
ewig, ewig arglos, heitere Zähne
zeigend bei der Geburt der täglichen Träne.

Rosen im Regen,
Regen auf grünem Grund,
Regen rauscht und trommelt,
Sonntag hält den Mund.

Ich kann mich nicht mehr rühren,
ich will auch nichts mehr spüren,
nur noch starren
und ausharren.

Ich bin eine kleine Krankheit,
immer gewesen, an Heil nicht interessiert.
Ich bleib eine kleine Krankheit,
bis mich der Tod kuriert.

Großer Robert, steh mir bei,
dass ich kein Günter Kunert sei,
und täglich ein Tönchen lasse
aus der schwarzen Unglücksmasse.

Wenn ich nicht stürbe, würde ich sagen: Ich lebe gar nicht. Der Tod zwingt mich zuzugeben, dass ich lebe.

Es will in mir weinen,
aus Liedern fällt noch Schnee,
Freunde habe ich unter Steinen,
in der Seele schweigt früheres Weh.

Regnerisch, Deutschland, ein Tag
aus einer Farbe wie immer. Es wird vorbeigehen
und aussehen wie gepflückt,
wenn dir dein Sterben glückt.

Man lügt immer einem anderen zuliebe. Also ist Lügen praktizierte Humanität.

Der Gewissensbiss: Zeichen, dass der Charakter der Tat nicht gewachsen ist. (Nietzsche)

Antipsalm
Keiner anzusprechen,
eine Richtung nirgends,
Flehen hört auf,
sich regen auch,
verloren zu sein
gibt ein Gefühl.

Zerquetscht wie andere Wesen liege ich auf der Bahn,
Innereien leuchten lächerlich zum Himmel,
ins Licht steht ein geborstener Zahn,
ich grüße die Töter, das Mediengewimmel!

Auf dem Rücken des arbeitenden Volkes betreiben sie ihren
Apokalypsesalon.

Er dreht sich mit der Zeit, wohin sie will,
und zwar im Schweiß seines Angesichts,
der Opportunist, der arbeitet viel
für den neuesten Dreh und sonst nichts.

Der hat schon den Schein der Erschöpfung verkauft,
der hat schon geschwiegen auf die einzig mögliche Art,
du hast dich mit Schmerzmauern umbaut
und hast gespart und gespart und gespart.

Lass uns Illusionen schöpfen,
Mutter-Maria-Phantasien,
Argonautentraumvliese kämmen,
wenn der Schnee vom Himmel fällt,
können wir vom Himmel reden.

Wie der Druck nachlässt, wenn man glaubt, Geld zu haben, vorübergehend. Es ist direkt spürbar, als ob man eine Last, die man trägt, abstellt.

Wie viele Seiten müsste ich schreiben, um mich vor euch zu schützen?
Glaube ich noch, dass man sich schützen kann vor euren Witzen?

Schublade, warum bin ich nicht du,
könnte zugeschoben werden und hätte Ruh.

Der *Spiegel* lebt davon,
dass es Größen gibt,
die man zerkleinern kann,
da jeder jeden nicht liebt,
freut sich jeder daran.

Wenn man genug Geld hätte, könnte einem der Rest egal sein. Geld macht ehrlich. Wie man zu den Einzelnen steht, käme erst heraus, wenn man genug Geld hätte. Solange ich nicht genug Geld habe, kann keiner sagen, er wisse, wie ich zu ihm stehe. Wenn ich genug Geld hätte, würdet ihr mich erst kennenlernen.

Der Grammatikschiedsrichter hat entschieden,
dass Deutsch etwas ist, was ich nicht mehr kann.
Fünfeinhalb Tonbandsätze hält er für geschrieben.
Ich bin für ihn ein toter Mann.

Wenn MRR recht hat, habe ich nicht recht,
wenn er gut ist, bin ich schlecht.
Er hat das Urteil so getrimmt,
dass von uns beiden nur einer stimmt.

Dabei mag ich den polternden Degen,
er ist so herrlich ungeschlacht,
aber ich darf ihn nicht mögen,
er ist eine Macht.

Der Poltergeist von Frankfurt
hat in Tübingen einen Souffleur,
der hat sein R-Gespräch mit Poschiavo,
darauf reimt sich Literatör.

So behandelt, muss man fallen
und liegen bleiben wie tot,
weil jetzt jeder Regung
solche Antwort droht.

Unter Schlägen sich nicht krümmen,
gib ja keinen Laut,
weil sonst gleich der nächste
Gerechte dich verhaut.

Einer namens Greiner
sagt, in diesem Jahr ist keiner
mehr als Mittelmaß,
und schon im Juni weiß er das.

Aber ich werfe nicht ins Feuer,
was ich euretwegen schrieb,
ihr sollt sehen, was ich als euer
Opfer und Zeitgenosse trieb.

Eingebaut in dich dein Verfolger,
mit jedem Atemzug nährst du ihn,
er gedeiht, du darbst.

An Frankfurt entlang wird gelandet, wieder nicht abgestürzt. Er triumphiert, dass ich zurück muss zur Erde.

Der Kapitän spricht wie jemand, der einen Flugkapitän spielt.
Sagt die Frau.

Schwarz die Zweige,
vielsagend der Wind,
auswendig kenn ich das Wetter,
nichts gelernt.

Mich kann man leicht zerschlagen.
Das würde ich jedem raten,
der einen zerschlagen will.
Das wird schon meine Schuld sein,
dass ich so leicht zerschlagbar bin.

Ich habe geschworen, euch zu hassen,
das war im prekären Augenblick,
jetzt schaue ich einigermaßen
brav in die furchtbare Zeit zurück.

An jeder Ecke steht Kassandra
und bietet sich an, und wer
was auf sich hält, der nimmt sie
mit nach Haus und lässt sich
von ihr den Grusel besorgen,
dass er am nächsten Morgen
frisch ist für die Genüsse,
die das, was uns eventuell umbringt,
vorher versüßt des Todes Küsse.

Nie hätte ich lieber als jetzt das Richtige richtig gesagt, aber wie ein Ball, der nicht weiß, von wem er geworfen worden ist, fall ich irgendwohin. Zufall, ein Name für Notwendigkeit.

Wenn einer dich umwirft in dem Augenblick, in dem du am schwächsten bist, zeigt er nur, dass er sich nicht stark genug fühlte, das zu probieren, als du noch stärker warst.

Dass ich so gebunden bin an mich!
Könnt ich mich trennen, es käm
mir zugut. Man kann sich nicht verhalten,
wie es das Beste wäre für einen. So
bin ich mein Feind.

Oft verabrede ich mich mit mir
und gehe nicht hin. Ungern begegne
ich mir. Hoffentlich sterbe ich weg,
bevor ich mir sage, was ich denke von mir.

Wie Töne abwärtssteigen können,
auf jeder Stufe aufwärtsweisend,
so möchte man sich nennen,
verfluchend, aber preisend.

Frierend knie ich im Feld,
das keinen Himmel hat,
häufend mein Geld
zum Ararat.

Die Sprache ist der Bestand der nachprüfbar gewordenen Illusion.

Die alten Türen stehen offen,
ich gehöre zum stehenden Gut,
ich bin arg und unbetroffen,
ängstlich meide ich den Mut.

Ich stehe barfuß im Dreck, lasse es mir gutgehen und denke Tag und Nacht über meine Bestrafung nach.

Je weniger man hat von dieser Welt, desto schöner findet man sie.

Immer auf die Luft warten, dass sie dir
unter die Flügel griffe und du abhebtest
und endlich wahr machtest, was du
von dir schon so lang erwartest und prophezeist.

Den Leib überziehen die Schmerzen,
wie Wolken töten sie das Licht.
So verbissen in mich kann ich auch
zu Hause sein. Nach L.A. muss ich nicht.

Sorgen haben die Bäume, ich nicht.
Ich geh so schnell,
unerreichbar dem Licht,
des Dunkels Quell.

Das Schönste ist, ein Gedicht
gemacht zu haben. Wo eine
dunkle Stelle war, ist Licht,
ich bin nicht bloß, ich scheine.

Übergang von Lyrik in Prosa:
Ich sitze bequem im oberen Stock,
schmerzlos und dumm. Ich weiß nicht,
wie weh der Schmerz tut,
den ich anderen zufüge.

Wenn man bei Schwerem erwischt wird, muss man versuchen, die Überzeugung herzustellen, das sei einem passiert, ohne dass man es wollte.

Lassen, nicht hassen,
gehen, nicht stehen,
sterben, nicht werben.

Mich wegstemmen von mir möchte ich,
zurücklassen die Schwere, stumm,
aber gedankenlos an einem Strand,
etwas Verhauchendes, das sich freuen kann
am natürlichen Ende, mit Mond.

Fremd bin ich daheim.

Bei Lilien will ich in die Schule gehen,
das Hoffen verlernen, aber scheinen und sein
im Augenblick, von der Sonne besucht,
im Regen stehen, dem Wind mich biegen
einen Sommer lang.

Das Leben: Man wird allmählich zur Landung im Dreck gezwungen.

Diese Nacht, so klein, so beschlossen
wie das Kleinste im kleinsten Nest,
ich sprenge die Fenster, breche die Sprossen
und halte mich im Leeren fest.

Als ich noch war,
wurde ich nicht gesehen,
jetzt, im Gehen,
bin ich rar.

Ich kratze mir täglich
das Eis vom Kinn,
verhänge den Spiegel
oder schau nicht hin,
wünsche mir Flügel
ins Überall
oder einen lautlosen
tiefen Fall.

Bleib nicht, wo du bist,
wie das Wasser sei,
sobald es gebunden ist,
macht es sich frei.

Wüsst ich Übriges, wär ich
älter, könnt ich schöner sagen,
was am Abhang reibt,
meinen Sturz zu bremsen.

Im Wind: Die toten Stämme sind lauter als die lebendigen.

Der Herbst tut mit Farben,
als wüsste er, was folgt.
Im Traum tritt als Angst
Gerechtigkeit auf, ich muss
das Fenster öffnen und schreien.

Ich habe nur das und hätte gern mehr,
es regnet an mir vorbei,
von nichts bin ich schwer,
nur Verderb mein Gedeih.

Wir atmen auf im Schutz einer Täuschung und tun so, als wüssten wir nicht, dass es eine ist.

Was soll ich tun? In den Wind gehängt als eine Fahne von wem?

Draußen sein und leise,
den Kopf nicht drehen wie ein Sehender,
tun, als spürtest du nicht,
woran du vorbeigehst, du bist
doch ganz hübsch, dein Bart
aus grünem Gras, gib wenigstens zu,
dass du tot bist.

Alter Vogel singt nicht mehr,
schaut nur noch durchs Nadelöhr,
soll da durch als ein Kamel,
samt seiner aufgeblasenen Seel.

Der größte Schlag hat uns noch nicht getroffen, immer geht er neben uns nieder, manchmal ziemlich dicht.

Bin es müde. Lasst mich gehen. Nur leider hält mich keiner.

Eiben und Schlehen,
durch Wälder gehen,
keinen sehen,
stehen bleiben,
Wörter schreiben,
Eiben und Schlehen.

Nach einer Niederlage, nach einer zerstörerischen, entkräftenden, zerquetschenden Einwirkung von außen hat man keine Kraft übrig, um das, was passiert ist, in die Darstellbarkeitsdimension zu bringen. Man heult, plappert drauflos, ohne List, ohne alles, ist nur das Häufchen Elend, das sie gemacht haben aus einem. Alle Rollen sind beim Teufel. Es dominiert der Ekel vor dir und allem, was du machst. Aber da das schon jahrzehntelang so geht, wird es dich auch diesmal nicht umbringen.

Wie die schicke Bande wegschauen und verdrehen muss, um die erwünschte Misere hervorbringen zu können.

Ich möchte böser sein, als sie mich machen.
Noch bin ich zu bunt, zu laut. Ich lache noch.
Feuer sollte mir aus dem Mund kommen,
es kommt aber Rauch. Innen bin ich verbrannt.

Ich kann mir keinen Menschen vorstellen, der mit mir noch einverstanden wäre. Das festzustellen wirkt, als sei man nahezu stolz auf das Gesagte. Ist aber nicht der Fall.

Die Unsicherheit dringt von allen Seiten herein wie das Wasser ins sinkende Schiff.

Die Nacht ist eine gute Zeit,
da wird nicht lange hingeschaut,
jedes Holz ein brennbar Scheit,
jede Frau eine Braut.

Ich weiß den Abstand jetzt und kann ihn für und gegen mich benennen. Dass er bleibt, ist sicher. Nur, warum dann die Überläufer-Ästhetik? Die anbiedernde Tonart, warum überhaupt Mutlosigkeit?

Die Sätze, die ich schreibe, sagen mir etwas, was ich, bevor ich sie schrieb, nicht wusste.

Alles schlucken. Sich ducken. Sich bequemen. Rufen, bis Felsen zu Hilfe kämen. Ich habe eine Kröte gefangen und will sie nicht töten.

Es gibt keine Gründe gegen die Welt,
was ist, hat recht, Chemie ist
die Sprache für jedes Gebet,
jede Fälschung ist echt.

Ich widme mich meinem Zerfall, ich feiere mein Vergehen.

Wo ich hinrühre, Staub von Flügeln schüttelnd, die sich nicht mehr bewegen lassen wollen. Ich bin schon dankbar dafür, dass die Gespenster Flügel haben, so sehen sie wenigstens Engeln gleich. Eigentlich will ich gerettet werden. Wie jeder. Ich bin schon weg. Das Licht bleibt hinter mir zurück. Meine Eile düngt die Finsternis. Ich schlag nur noch um mich und kann nicht erklären, warum. Niemand darf etwas merken. Es ist wie bei einem Konkurs. Es ist ein Konkurs.

Bäume wachsen lassen vor meinem Mund,
ausschürfen die Schlucht mit meinen Nägeln,
tiefer verloren gehen,
dem Wasser folgen.

Mich darf man zerstören,
ich hoffe, ich werde mich nicht wehren.
Es schwindelt mich,
der Abgrund lacht. Mich aus.

Wenn ich wie die Bäume könnte,
im Wind aussehen wie erregt,
aussehen, als ginge es um was,
aber der Kopf will liegen und
aus heißem Blei sein und erleben,
wie er kälter wird, mehr nicht.

So ist es nicht getan, so nicht,
Scherben streuen musst du täglich
und täglich darin spazieren gehen
und aufsagen, welche Scherben
aus welchen Tagen stammen.

Dem Fürwort treu,
vom Anschwung lebend,
noch keines Fleckchens sicher,
hinausrutschend einst,
so unansehnlich,
wie ich hereingerutscht bin.

Schlag auf Schlag. Wie ich mich winde.
Außer mir merkt und zählt keiner,
was auf mich einprasselt. Obwohl
ich mich sträube gegen jede Kenntnisnahme
der Ungunst, dringt mehr ein, als ich ertrage.

Alleinseinssüße rinnt von den Wänden
und tränkt die Luft mit reinem Gold,
ich bin mir auf den Fersen
und lasse mich nicht, ich segnete mich denn.

Freundlich wart ich, dass etwas zurückkehre, Gegenstände oder Kraft, eine Bestimmtheit, die sich spüren lässt.

Ich will traben als Depp auf
meiner Bahn, ich schwinge die Geißel,
schmücke mich mit Fasnachtsrosen,
bau mir den Vogelschrei des Verrückten ein.

Wahrscheinlich ist die Leere, die ich jetzt spüre, das
Beste, was es gibt. Freiheit.

Ich knie im namenlosen Gras und weine.
Um mich herum die gestorbenen Wörter,
Hoffnung etc. Dass niemand an mich denkt,
spür ich. Ich will vermeiden, an jemanden zu denken.
Furchtbare Zufriedenheit, etwas für immer.

Wenn die Blumen in der Nacht ertrinken
und Sterne, fallen gelassen, verglühen,
bitt ich mich, allem zuzustimmen
und dahinzugehen ohne Mut.

Der Wind ist still, die Fahnen flattern,
ein Intellektueller führt Regie,
jeder kauft sich den Kanal voll,
dauernd kotzt der Moralist,
vor dem Spiegel tut er's, weil
er sich gerne kotzen sieht.
Und wir sind, schreit er, daran schuld.

Was habe ich fallen lassen müssen.
Starren. Nicht schauen.
Bewegungslosigkeit. Raumschwund.
So entkommt man eine Zeit lang der Zeit.

Frau Schmitter taufe ich Frau Schmetter,
egal, was sie weiß, sie weiß alles better,
sie least Wörter, tankt Klischees,
nur ihre Hüte verraten eigene Wehs.

Seit gestern wieder der Wunsch, nichts denken zu müssen. Weil sich andauernd die Niederlage aufdrängt. Du kannst nichts anderes denken als die Niederlage. Deshalb der Wunsch, nichts denken zu müssen. Unerfüllbarer Wunsch. Man kann nicht nichts denken. Man ist ausgeliefert den Gedanken.

Dich kitzelt Gott in der Nase, andere
anderswo. Mich hält er für ein Flugzeug,
das er stürzen lassen kann. Gottes
Größenwahn. Die Melodie ohne Text.

Ich stürze natürlich von selbst.
Wie jeder ruf ich im Sturz:
Gott sei Dank. So überlebt er.

Ich habe keinen und keine und bin nicht allein. Ich leiste mir Gesellschaft. Ich könnte einen brauchen oder eine. Es gibt bessere Gesellschaft als mich.

Sterben, explodieren, zerspringen.
Nur nichts Langsames. Die Seele ist trainiert
für den Hochsprung. Zu stürzen weiß sie auch.
Bloß keine Nachrichten mehr.
Ich will nicht bei mir sein.
Ende.

Sehnsucht, das ist meistens eine Himmelsrichtung.

Ich kann nicht geben,
was man mir nicht gibt.
Ich kann nicht lieben,
wenn man mich nicht liebt.

Wir möchten beide klingen,
der Dezembertag und ich.
Spränge noch eine Haut, würf
ich ab noch ein Gewicht, stieß' mich
der Tag an, ich sänge!

Wir haben Geld verdient, und dafür muss man sich anspucken lassen. Vom Angespucktwerden leben: mein Beruf.

Im Verachtetsein liegt die Freiheitschance. Niemand ist so frei wie der Verachtete.

Lass Blumen wachsen in mir, mit Flüchen gedüngt, das gibt starke Farben.

Unverständlich zu sein gelingt mir nicht. Darum ist jeder über mich erhaben.

Beschimpftseinsmüde, sabbernd
vor Rechtfertigungsdrang, schlitterst du
in die letzte Kurve und hoffst,
das neueste Wachs in den Ohren dämme
das Pfeifkonzert, mit dem du
auf der Zielgeraden zu rechnen hast.

Ich habe das meiste versäumt,
war nie bereit, immer voreingenommen,
von Plänen besetzt, unfähig
für Gegenwart, ich habe nicht gelebt.

Wenn man nicht mehr kann, könnte man.
Solang man könnte, kann man nicht.

Ein Auto, das noch geht,
ein Haus, das noch steht,
eine Sonne, die nicht mehr scheint,
ein Kind, das weint.

Herz, jetzt brich doch! Nicht stechen, brechen!

Willkommen, Einsamkeit. Vogelstimmen,
die nichts sagen, willkommen,
verächtlich anderen, bin ich mir nicht genug,
aber es reicht, brich an, Winter, daure!

Würf' ich mich nicht gern in die Höhe,
löste Fesseln mit blumigen Händen
und atmete mich frei, aber
ich bin verurteilt zum Kriechen,
zu schleppen ein Schicksal
scheppernder Schwärze.

Zu sagen, wie weh es tut zu leben, genügt. Müßig, die Gründe in den Bärten der Männer zu suchen. Wer Recht von Unrecht unterscheidet, hat ein Interesse, das ihn seligspricht, aber nicht heilig. Heilig ist nur der Schmerz.

Ich bin krepiert vor achtlosen Zeugen,
die Zündschnur habe ich selber gezündet.
Es war Notwehr gegen mich. Ich bitte, mich
bei Mondlicht zu begraben und die Flüche,
die mir zustehen, herzhaft auszusprechen.

Bauten der Seele stürzen lautlos ein,
um mich herum suchen Zungen nach Lauten,
im Argen liegt sich sielend Gott,
Kunststoffknie gibt's für Beter zu kaufen.

Geblendet stehen die Kanonen unter
den Kastanien des Friedens, es
triumphiert mit grünen Bänken
der Verschönerungsverein.

Der Auftritt im Namen von etwas, das mehr ist als man selbst. Das Lachen lernen über jede Art Verkündigung.

Wenn schon Wettbewerb, dann im Armsein.

Der Tag hat kalte Finger,
die Nacht ein schwarzes Tuch,
mich würgt ein Ringer,
mich krümmt ein Fluch.

Wär ich, wie ich bin, künstlich,
unzerstörbar, wüsste nur, was
weiterführt, ohne zu wissen, wohin,
hätt ich doch keine Ahnung, was
fallende Blätter bedeuten, was
Zeilen, die enden in einem Punkt.

Krumm fliehen im Grau
der endlosen Ebene,
kein Anstoß mehr,
Duldung überall erstickt
die letzten Eigenschaftswörter,
allerdings tönt Gelächter.

Kein Sinn weit und breit, aber
kostbare Tiere, unentspannbar wittert
die Nase im Nichts, mit Flüchen geschminkt,
wate ich schamlos im Schicksal.

Wäre es so schlimm, wenn die Bäume uns überlebten?

Zerworfen, kein Selbst mehr, führ ich
die Harke durch meine Eingeweide,
schreien muss ich vor Schmerzlosigkeit,
das ist mein Verbrechen, dass ich nicht leide.

Ich habe nicht den Mut, feige zu sein.

Sich trennen von den Kennern,
namenlos waten im Namenlosmeer,
Büsche umarmen, Früchte küssen,
siebenmal auf sieben zählen, singen
das Liebeslied, das keinen Text hat.

Härtere Hiebe hagelt's, seit du
zu keiner Kirche mehr gehörst.
Die Linken schlagen gemeiner,
seit du auf nichts mehr schwörst.

Wem werde ich vorgeworfen morgen früh?
Wer muss mich erledigen? Wen beiß ich
vor Schmerz in seine Metzgerfinger,
dass er, bevor er zustößt, noch schreit?

Weg von allen, denen gegenüber man recht haben will.

Scheußliches zusammenzitieren und es gegen die Welt halten – das ist keine Kunst. Das Gegenteil wäre eine Kunst. Wäre Kunst.

Lesen und schreiben, diese besondere Art zu hinken. Hinkende können lesend und schreibend auch fliegen.

Ich sollte genießen, dass ich unten bin und geschmäht. Den Hohn der Machthaber sollte ich mit denen zusammen genießen, die sich über meine Verhöhnung freuen, und froh sein, dass ich gelandet bin in der Schwermutsmulde.

Wisch die Witze weg, lass dich gehen,
bis du dich gesammelt findest,
deinem Mund trauen kannst,
falls er der Zeit zulieb aufgeht.

Alles hat keine Melodie, wartend,
dass du singst. Du wartest auch.

Immer wenn ich dürste, trink ich nicht.
Meine Augen, meine Lippen blühen,
Sehnsucht brennt und ist ein Licht,
langsam will ich und lange glühen.

Wie viel mehr möchte man sein,
als man ist, und überall immer zugleich,
in jedem Wasser fließen,
die Hitze sein der Wüste, nachts das Eis,
das Tannenwipfelwiegen im Wind.

Ich zehre vom frischen Eichengrün,
dass die Amsel herhüpft, freut mich heut,
die kurze Barfüßigkeit ist angebrochen,
rundum blüht die Illusion.

In einem Wald aus Wünschen wandelnd,
keinen Rand erreichen,
einladend fürs Licht,
knien im Sprachlaub.

Wenn, wer Zähne hat, sie nicht zeigen darf und seine Wut spazieren führen muss als Lamm.

Freundschaftsstifter,
Stromableser,
Schlüsselwahrer,
aller Arzt
und Kranker
aller Ärzte.
Früher stieß
eins ans andere,
jetzt ist Platz,
bzw. Leere
herrscht.

Der See rauscht sanft,
er weiß, dass Sonntag ist,
glitzernde Schnüre Gesangs
ziehen die Vögel durchs Gras,
die Nähe füllen Hummeln und Bienen.

Wem spreche ich nach, wenn ich mich glücklich zurückgegeben fühle diesem Mai? Immer traut sich die Empfindung, nicht zu sein. Nichts als das Bedürfnis, den Ton so hochzutreiben wie noch nie. Heute! Von allen Wörtern das höchste. Und so witzlos.

Der Regen will mich schonen,
leise dringt die Sonne ein,
die Seele braut Chopin,
Silberwolken trinken blauen Wein.

Die Verzweiflung des Exhibitionisten am Nacktbadestrand.

Wem gehört schon alles, bevor es mir gehört?
Meine Fürstin heißt Armut, mein Diener Not.
Zum Glück bin ich allein. Zäune aus Ekel
bewachen mich. Silbern blühen Blumen aus Hass.
Wir stünden dem Himmel offen,
wenn der Himmel uns offen stünde.

Feindliche Truppen haben den Himmel besetzt
und schießen herab mit gemeinen Waffen.
Ich werde keinen Helm aufsetzen,
barhäuptig bleiben und komisch.
Vielleicht gelingt sogar Unverständlichkeit.

Die Jahre seufzen im Gewölk,
das kleine Flugzeug sammelt brav
Geräusche ein, der nasse Samstag
streut mir Perlen in den Schlaf.

Darf so wenig gesagt werden?
Mehr, als in den Garten geht, ist es nicht,
über Bäume sehe ich nicht hinaus,
mich erreicht alles durch Blätter.

Die Berge schwimmen im Blau,
von steilen Flanken leuchtet Schnee,
die alten Eichen schimmern grün,
aufgeregt antwortet allem der See.

Immer öfter verjährt was,
ich schulde Liebe, schulde Hass,
ich bleibe hinter dem Leben zurück
und züchte Reime auf Glück.

Nichts Schöneres als das Geräusch,
das die Zeit macht beim Vergehen,
dieses Geräusch reimt sich keusch
auf Rülpsen und Blähen.

Genauigkeit, Vorstellbarkeit, das ist noch nicht poetisch. Poetisch ist es, wenn man nicht mehr nachweisen kann, dass es stimmt, aber man weiß, dass es stimmt.

Unter den Eichen das Moos nimmt mich auf,
mit den Füßen such ich das Heil
für den verwundeten Kopf,
des Wassers endgültige Wohltat
wartet auf dich.

Bin ich schon draußen, bin ich schon weg,
hab ich's geschafft, fort zu sein?
Solang du fragst, bist du noch hier.

Wenn's draußen nichts zu lieben gibt, liebt man jedes Gras im Garten.

Fürbitte. Niederlage. Überstürzen. Wie kommt es von stehen zu gestehen? Von Stand zu Geständnis? Was für Wörter entstanden sind. In der Ohnmacht. Und wer sich die zunutze gemacht hat! Ein Blinder hat den anderen das Sehen gelehrt.

Der schöne Irrtum, dass es für alles einen Ausdruck gebe.

Durch mein Gehör zieht ein Schrillen, weiß nicht, von wo,
ich rufe im Stillen: Schrei doch nicht so.

Die Welt ist mein Adressat, die weit verteilte,
die mich krank gemacht hat, die mich heilte.

Von nichts zu nichts reicht der Faden, schwillt der Ton,
mit neuer Täuschung beladen, renn ich davon.

In meinen Ohren wachsen gläserne Blumen,
der Atemzug klirrt, ein Institut hat mich markiert,
das Professoreninteresse nähr ich mit ausgedachten
Schreien. Nur nichts Natürliches mehr. Ich bin die Formel
für den Prozess: zunehmende Einsamkeit.

Ich hüpfe. Von einem Bein auf das andere.
Verbrannt meine Sohlen von dieser
heißen Erde. Schellen sind mir umgehängt,
dass immer weithin bekannt ist,
wo ich gerade hüpfe. An Zuschauern,
die sich die Hände reiben, fehlt es nicht.
Mir wäre Singen erlaubt. Es reicht der Atem
nicht zum Singen und zum Hüpfen.
Hüpfen muss ich aber, weil der Boden glüht.

Ich schlage einen Nagel an meine eingebildete Innenwand, ich hänge einen erfundenen Kittel an diesen Nagel, ich greife in die Tasche und ziehe wirklich etwas heraus.

Abschiedshaltungen üben, ein glimpfliches Hinausgleiten, so tun, als gäbe es einen Übergang.

Der Katastrophe den Ausdruck verwehren.

Ich will nicht so sein, wie ich bin. So sind schon genug andere.
Wenn du ausweichst, verfolgt dich, wovor du ausweichst.

Wie viel Silber zaubert der See
aus der Kreide des Mondes,
wie leer darf man sein
und doch noch klingen.
Draußen tobt das Geschäft
Fortpflanzung.

Wehe, Wind, diese Nacht heftig,
lass mich keine Sekunde allein,
die Last regiert die Stunde,
ich wiege etwas mehr als die Welt.

In den Himmel schreiben
die Bäume ihr Geäst, meine Hände
sind schon zu schwer für mich.
Ich wäre sie gerne los.

Stünde ein Wort am Ufer und überlegte,
wohin es, falls das Wasser steigt,
schwimme, hieße das Wort vielleicht
BALD.

Es rinnt ein Silber durch den Tag,
ich habe es warm und lobte gern
mein Nest. Die Ränder glühen in
die Kälte, die Grenze tobt,
es rinnt ein Silber durch den Tag.

Eine Lücke möchte ich sein im Zaun
der Welt. Hereinströmen sollte durch mich
das, was nicht hereindarf. Blühen möchte ich
im Eis der Gegenwart. Stürzen in jede Höhe.

Abends gehen wir der Sehnsucht ins Netz
und zappeln durch die Nacht. Geht die Sonne auf,
hängen wir filmreif am Kreuz. Wer ins Ragout passt,
wird auf einer Speisekarte unsterblich.

Als wäre mit Schwimmen genug geschehen,
in den Schatten schauen reicht,
wie zögernde Wärme rinnt das Sein durch dich,
du bist ein heller werdender Fleck.

Der See schaufelt Licht
durch die Bäume,
in das Haus strömt die Helle
wie ein Ereignis, wir leben.

Arien gehen nieder, Vögel verhören das Gras,
Abendlicht spendet den Schein, uns fällt
nichts Besseres ein, als zu beten. Im Scheckbuch
steht unser Gedicht und reimt sich nicht auf Leben.

Ich kann Unglückstöne schlucken.
Von mir stammt das Erträgliche.
Wo es blutet, schau ich nicht hin.

Wir leben vom Deuteln, Nichtwahrhabenwollen, wir drehen alles so lange,
bis es uns passt.

Loben muss ich die Herren der Moral,
züchten böse Blumen, pappen sie uns
auf die Stirn, dass man sieht, wie
gut sie, wie böse wir sind.

Dein Mund voller Vorwürfe, schluck die schnell,
sie sprechen gegen dich. Dir sollen
aus dem Mund Schmetterlinge fliegen.
Entzücken soll dein Anblick wecken.
Ersticken an der Wahrheit, ein hübscher
Tod, dein ist die Verklärung.

Die Dornenkrone ist schon mal vergeben,
dazu passend der zum Himmel gedrehte Schmerzblick,
also schmück ich alles, was man mir geschlagen hat,
mit Flitter in Pink und bringe die Installation
mit reiner Empfindung zum Glühen.

In den Apfel beiß
ich wie in ein Geheimnis,
von den Sträuchern,
die aus meinen Ohren wachsen,
ernte ich erlösende Beeren.

Sich in Verse hüllen, als wären es
Schutzgewänder, schön,
weltabweisend, die Einbildung
heißt Aufenthalt.

Man möchte enthoben sein,
übers Tal hinschauen,
fortwährend glühen,
Quelle sein bestimmten Gesangs.

Das Violett des Sonnenuntergangs ist eine Farbe, mit der
ich mich schmücken möchte für diese Nacht.

Ich wäre gern mit einem Ton liiert,
durchdrungen von Bestimmtem,
wäre mir bekannt durch Notwendigkeit,
was ertrüge man nicht!

Ich wühle in Büroklammern wie im Schicksal,
ich möchte unverständlich sein, auch für mich,
gelten lassen nur noch den blanken Hohn,
die Stirn am kalten Beton, das Parfüm soll Urin
nicht verleugnen. Morgen zünde ich mich an
und schlürfe brennend mein Eis.

Eisfrüchte möchte ich züchten auf meiner Haut,
den frommen Schritt verlernen, das immergrüne
Jenseits zertrampeln, aber ich knie, ich krieche
zu allen Altären, die mir drohen.

Unglück schäumt wie Glück. Schmerz
blüht schöner. Über Stock und Stein reitet
die Pein. Kein Licht leuchtet so hell wie
die Feindseligkeit. Und zur Musik
deiner Verlassenheit musst du tanzen und tanzen.

Wenn ich auf Gedichte träfe
von mir, unschuldig gewachsen
unter dem Baum der Zeit,
den Ästen des Lichts!

Am liebsten wäre jeder zuverlässig in einer geschichtlichen Sprache.

Goldenes Heu haben wir geladen,
rote Pferde zogen uns heim.
Die Welt hat gebrüllt. Wir auch.
Dann starben die Farben.

Die Wörter wohnen in mir,
ich wohne in der Wüste.
Die Wüste wohnt in den Wörtern.

Furchtbar hoch bin ich gesprungen,
die Türen an den Gängen haben,
als ich vorbeikam, gesungen.
Es ist mir nicht gelungen, Spiegel
zu meiden. Mein Geständnis bleibt
ungehört, weil ich rede mit geliehenen Zungen.

Nördlich der Himmel voller Zierde
und Engelsflügelgeräusch.
Gott und der Teufel
sind ein Liebespaar.

Wenn der Himmel stählern wird,
schreist du hinauf an den Wänden.
Was du schreist, verstehst du nicht,
unverstanden wirst du enden.

Aus Schwermut gebaut bin ich,
ans Eis gekettet die Wärme,
weh mir und Jubel,
ich fliege und falle.

Steine, Gräber ohne Tote,
der Himmel, das ewige Leichentuch,
mein Mund, der Altar
für mein Requiem.

Würf ich jetzt ein Blatt ins Wasser,
spränge darauf, es trüge mich, ich
schwämme davon. So aber gehe ich
unter auf dem festen Land.

Ich brauche für jeden Lebenstag eine Empfindung, die diesen Tag erträglich macht. Auch wenn ich einen Tag in Aussichtslosigkeit verbringen muss, kaure ich in dieser Aussichtslosigkeit wie in einem Wartesaal.

Nimm die Sprache, schieb's auf sie. Sie ist voller Prozeduren, die zurückgeblieben sind von solchen, die sich wichtig genommen haben bis zum Schluss. In deren hinterlassenen Sprachkleidern haben wir von Anfang an das Gefühl des Rechthabens, des Wichtigseins geübt. Jeder Atemzug ein Beispiel. Sprachlich leuchtend. Heißt Philosophie, Literatur, Religion. In umgekehrter Reihenfolge.

Keine Gegenstände mehr in meinem Leben.
Bäume nicht mehr und kein Gras.
Keine Häuser, Berge, Seen. Nur
das Rasiermesser des Leids und
die leeren Flächen, die es zurücklässt.

In Kristallen gefangen, knistert die Zeit,
die Rachereligion siegt weiter,
von ausgerotteten Blumen bleibt nichts,
fromme Sprüche wüten fort und fort.

Welk hänge ich in der Vase
und denke der Feuchtigkeit nach,
früher, als die Glocken noch nass
läuteten. Der Blitz schlug meistens
in meinen großen Zehennagel ein
und konnte ihm nicht schaden. Es
brausten die Wellen des Mostes bergauf,
Jungfrauen wurden mitgerissen,
flügelschlagend vermehrten sie
den Sturm. Wie sollte, da das
vorbei ist, nicht alles vorbei sein.

Verneinen lernen, nicht mehr das Rauschen
der Bäume buchstabieren, glühen
vor Unverständnis und blenden
alle mit falschem Schein. Lachen
bei Begräbnissen, aber nicht ansteckend,
abstoßend lachen bei allen Begräbnissen,
dem Freund ein Feind. Bis nichts mehr
empfunden wird. Aber wenn du kein Virtuose
im Vergessen wirst, verblutest du.

Möchte gern Gedichte machen,
wie von der Wiese gepflückt
sollen sie sein, und ein Bach
soll durch die Zeilen gehen,
glitzernd und mit leisem Laut.

Ich hätte diesen Tag genützt
durch einen Blick ins Licht,
wenn ich nicht schwerer wäre
als das vergessliche Gedicht.

Der Himmel weiß nichts von mir,
ich nichts von ihm, befangen im Früheren,
schau ich auf wie fromm und fülle
die Leere mit dem Schutt der Träume.
Der Himmel ist der Spiegel, in den
meine Seele schaut und nichts sieht.

Wir wollen uns nicht wehren,
nur hinterlassen, was dem Sieger
zum Spiegel wird, wissend,
dass Sieger blind sind.

Du müsstest hoffnungsloser werden mit jeder Niederlage. Aber im Gegenteil, von Niederlage zu Niederlage steigt deine Hoffnung. Vergleichbar den Niederlagen des Spielers, der mit jedem Verlust glaubt, die Wahrscheinlichkeit, dass sein Einsatz jetzt endlich dran sei, nehme zu.

Aus Angst, man atme zu wenig, atmet man zu viel. Wenn die Schwäche ihren Höhepunkt erreicht, kann man nicht mehr schlucken, man traut sich nicht, das Atmen so lange zu unterbrechen.

Man kann sich umbringen wie ein Diener einen unerträglichen Herrn.

Schrei auf, schlag zu,
reiß aus, was wachsen will,
tu weh, sei starr, spitz,
zich zischend durch
die Schreckenskammer Alltag.

Warum bin ich so laut,
es wäre, wenn ich nicht wäre, stiller.
Der Mensch ist das Geräusch,
das sich auf die Nerven geht.

Sich umbringen, das wäre ein Geständnis!

Es gibt von allen Bestrafungspraktiken keine, die so wenig weh tut wie die Bestrafung, die wir selber an uns ausführen. Und das bis zur Todesstrafe. Von einem anderen getötet zu werden, muss unangenehmer sein, als sich das schließlich selber anzutun. Einverstanden sein mit der Bestrafung, das ist doch nur möglich, wenn ich selber der Bestrafende bin.

Der Tag hat kalte Finger,
die Nacht ein schwarzes Tuch,
mich würgt ein Ringer,
mich krümmt ein Fluch.

Luxusbrillen braucht man, Armut
anzuschauen. Schenkel, dazwischen
zu verhauchen. Glockengebell
macht einen kranken Hund aus mir.

In Wörtern wühlen nach Sinn,
Unsterblichkeit heißt meine Konserve,
Nabelschnur mein Lieblingsschmuck,
eingebildete Berge besteig ich,
um nach dem Absturz wirklich zu bluten.

Der Verletzungssturm tobt durch den Kopf und will, dass man sich wehre. Je weniger man sich wehrt, umso weniger kann er verletzen. Aber sich nicht zu wehren, ist schmerzhaft. Man darf dann nicht atmen, sich nicht rühren. Sein, als wäre man nicht. Ein Erstickungsversuch.

Hüpfen Wörter über schöne Ränder,
aus dunklen Häusern leuchtet Licht,
Herbstgewänder wählt der Klang,
bis die Stimme bricht.

Jemand, der immer sagt, er werde sich nicht umbringen und er werde nicht wahnsinnig werden. Je öfter er das wiederholt, umso unglaubwürdiger klingt es, umso eher kann man sich vorstellen, dass er sich umbringen oder dass er wahnsinnig werden werde. Wenn er aber immer wiederholen würde, dass er sich bald umbringen und dass er bald wahnsinnig werden werde, dann würde man finden, dass er nur rede und dass nichts zu befürchten sei. So viel zum Ton.

Verminte Fratze, mein Gesicht,
das Staubsäugergeräusch meiner Seele,
wenn ich weine. Träum ich, blüht der Beton.
Silberne Früchte fallen von schwarzen
Zweigen, uns zu erschlagen.

O ihr Enttäuschungen! So sitzt kein anderes Gewand. Nur wärmt ihr nicht.

Wahrscheinlich habe ich mich satt.
Meine Geduld mit mir ist zu Ende.
Ich werde jetzt andere Saiten aufziehen.
Wenn ich nicht hören will, muss ich fühlen.
Gar alles kann ich mir auch nicht durchgehen lassen.

Die Höllenhaftigkeit der Existenz. Und das Feuilleton, das daraus entsteht.

Jetzt schweigen die Gärten,
mit nassen Augen schauen die Bäume
den Blättern nach. Das Leben
ist eine fallende Last.

Ich möchte mich mir abgewöhnen, das ist schwer. Ich hänge an mir. Ich gebe mich so ungern auf. Ich weiß es jetzt, ich hoffe noch auf mich.

Nach einer so langen Flucht, die ich, ohne sie dann und wann als Angriff auszugeben, nicht ertragen hätte, kann ich sagen: Es hat sich nichts geändert. Ich habe nicht gewusst, was mir bevorsteht. Ich weiß es noch immer nicht. Dass etwas wahr oder nicht wahr sein kann, habe ich nie geglaubt. Dass einer etwas weiß, was ein anderer nicht weiß, ist mir immer noch unvorstellbar. Dass etwas sein wird, was jetzt noch nicht ist, weiß ich, aber ich glaube es nicht.

Der Herbstschrank öffnet seine Tür,
in roten Strömen geht die Zeit,
kann sein, die Pracht gilt nicht mehr mir,
dann überwintere ich im Neid.

Der Neid ist eine Einzelhaft.

Ich schleppe mich durch die Welt.
Ohne Gefährten bin ich wie andere auch.
Ich trage Schicksal. Das ist Mode.
Allgemeiner als ich kann man nicht sein.

In den Händen tragen die Mädchen den Nachmittag
vorbei. Ich bleibe, durchbohrt vom Neongedröhn,
wieder einmal sterbend, unernst zurück
und denke an nackte Sohlen im Gras.

Dann erst schweigt man, wenn man nicht mehr denkt.

Durchsichtige Sätze sind gar nicht so gut. Am besten, man versteht etwas, weiß aber nicht, warum.

Hassen muss man können, dann mögen sie einen.

Nimm das Geld und geh. Denk an nichts als an das Geld. Das ist deine Unschulds-Chance.

Der graue Herbst entspricht mir sehr,
im Nebel kann man schweigen lernen,
solang ich noch Stimmen hör,
werd ich mich entfernen.

Nur dass mir aus dem Mund nichts strömt,
was blüht und singt, nur dass die Gegenstände
dünner sind, gebe ich zu. Und wenn
mein Interesse tanzen will, gähne ich.
Wenn die Eichen mich anschauen
mit Grün, schließ ich die Augen.
Unterirdisch sein schwebt mir vor,
eine bleierne Schläue,
leben wie nicht, aber lang.

Im Straßengraben liegend,
vom Fürwort verlassen, nur
eine Fläche Gesicht, von der trieft,
was die Reifen spritzen.

Wir werden durch die Jahre gerissen
wie zum Schlachthof die Tiere,
der Treiber Zeit hat kein Gefühl. Blöken
hilft nicht und nicht Gebrüll.

Der graue Herbst entspricht mir sehr,
im Nebel kann man schweigen lernen,
solang ich noch Stimmen hör,
werd ich mich entfernen.

Nur dass mir aus dem Mund nichts strömt,
was blüht und singt, nur dass die Gegenstände
dünner sind, gebe ich zu. Und wenn
mein Interesse tanzen will, gähne ich.
Wenn die Eichen mich anschauen
mit Grün, schließ ich die Augen.
Unterirdisch sein schwebt mir vor,
eine bleierne Schläue,
leben wie nicht, aber lang.

Veranstalter du des schwarzen Regens,
der leeren Lust, Papierblüten dein
Paradies, alles Vorkommende martern,
bis es dich ausdrücken kann, und
Schutz suchen jenseits der Entsprechung.

Die Kraft ist fort, ich bin noch da,
morgens liege ich wie gefällt,
aus Anstand stehe ich auf
und setze mich.

Der Herbst hat viele Farben,
als wüsste er, was folgt.
Im Traum tritt als Angst
Gerechtigkeit auf, ich muss
das Fenster öffnen und schreien.

Sonne, tatsächlich,
mein Fall ist alt,
ich zieh mich hin,
unermesslich ist nichts,
aber es wird kalt
und hat keinen Sinn.

Luftballons verkaufen, aufgeblasen
von der Verzweiflung. Das Leben
ein Videoclip, jeder flieht in seine
Lieblingsrichtung, keiner lacht sich kaputt.
An Lyriker ergeht aus Wäldern, die
gelernt haben zu schweigen, eine Einladung.

Aufblenden, den Glanz ertragen,
abends lachen mit den fröhlichen Fröschen,
die Taschen voller singender Steine,
Abschied nehmen von allen Wörtern.

Heute spielt der Wind um die Büsche, als sei er nur dazu unterwegs, Zweige zum Schwanken zu bringen, dass nicht alles in regloser Langeweile versinke.

Ich fahr aus dem Leben hinaus,
in grellen Stürmen wütet der Herbst,
der Regen gibt Glanz, ich habe
den Abschied gepachtet, langsam lachend
versink ich im farbigen Tod.

Jeden Tag lasse ich mir etwas gefallen, was ich mir nicht gefallen lassen dürfte. Ich brauche die Illusion, das werde sich noch ändern. Ich habe immer in der Illusion gelebt, dass ich eines Tages reagieren werde, wie ich, wenn es nach mir ginge, müsste. Ohne diese Befreiungshoffnung hätte ich das Bravsein nicht ertragen. Wir waten im Lebensschlamm und halten das aus, weil wir hoffen, an ein Ufer zu kommen, dessen harter Grund uns ein zügiges Gehen in jeder Richtung gestattet.

Die Zunge ist meinen Zähnen entkommen,
liegt zitternd in ihrem Bett, sie hat Angst
vor den Zähnen. Meine Zähne wollen mich
befreien von meiner Zunge. Ein Biss, und wir
sind sie los, sagen die Zähne. Sie verrät uns,
sagen sie. Das stimmt. Die Zunge muss weg.

Üb Violine, Kind. Ein Vogel
zu werden gelingt dir nicht.
Ich bin da, euch zu enttäuschen.
Ich rate, das Kreischen der Angeln
für Türschmerz zu halten.
Uhren und Menschen sind Feinde.

Auf Festen nur mit Sonnenbrille.
Tanz mit mir hinaus in den Schmutz meiner Sprache.
Tanz mit mir hinaus aus der Masse Märtyrer.
Koloraturen küssen Spinnweb. Wenn das
Spiel vorbei ist, ahnst du die Regeln.
Pfeif mit mir auf meinen und auf deinen Untergang.
Der Himmel ist ein Kaufhaus, bewacht von Kameras.

Habe ich inzwischen nicht gelernt, ohne die Segnungen des guten Rufs auszukommen?

Die Bewegungen machen immer mehr Mühe. Das bloße Sitzen wird immer erträglicher. Ich müsste nichts mehr tun. Ich möchte nichts mehr tun. Ist das Faulheit oder Existenz? Soll ich mir raten lassen oder selber entscheiden? Da ich mir das, was ich könnte oder möchte, noch nicht leisten kann, kann ich die Antwort vertagen.

Angewiesen sein auf eine allmählich vorstellbare Beschränktheit.

Sterben, weder bei Sonnenschein noch bei elektrischem Licht, sondern bei Kerzenlicht.

Nur noch mit Leuten, mit denen man andauernd in Kontakt ist, die also den Zerfall nicht merken. Ein halbes Jahr nicht sehen, und ich fürchte das Erschrecken des anderen.

Solange ich noch gegen etwas bin, glaube ich mir nicht.

Das Leben verschließt jedem den Mund.
Am Ende ist jeder still und lässt geschehen,
was geschieht, als sei er einverstanden.
Ich knie schon so lange und bete nicht.

Das Alter ist ein Zwergenstaat, regiert von jungen Riesen.

Im Ekel ruhen, tiefster Punkt,
die Schwere feiert sich, ich bleibe
genormt, friedlich fließen die Ströme
der Flüche himmelwärts.

Mir scheint die Sonne aufs Papier,
die Wellen haben sich gelegt,
die Steine atmen auf und geben
den Vögeln den Schrei zurück,
wenn ich könnte, würde ich weinen.

Weinen ist auch Wasserlassen.

Jetzt noch aus ganzem Herzen gemein sein, wie es nur die Feinsten sind.

Das Glück, in einem fahrenden Zug zu sein,
als träfe dich nichts. Der Bistrokellner ist
der Menschheit Edelstes, und mein Geliebter
ist er. Sein schmalziges Lächeln,
sein über den Gürtel schwappender Bauch,
ihn will ich lieben, lieben, lieben
bis an das Ende der Fahrt.

Der Schaffner macht einen Reisenden aufmerksam: Ihre Schnürsenkel sind offen, nicht dass Sie stolpern nachher. Der Reisende bedankt sich. Der Schaffner: Mir ist das schon mal passiert.

Ich bin wieder müde geworden,
ich lege mich in den Sarg,
ich bitte, mich zu ermorden.

Wenn du die Messer ziehst, die aus den Wörtern,
schneidend wie nichts sonst,
oder wenn du dich in die Scherben kniest
der zertrümmerten Träume, oder wenn du
die Stirn gegen die Mauer schlägst,
die Unmöglichkeit heißt, egal, ob du
brennst oder frierst, du bist gesegnet
mit einem alles berücksichtigenden Weh,
die Poren, zugeschmiert mit Leidensdreck.

Jetzt tun es die Träume. Inniger verletzt mich nichts als die gegen mich gewendeten Träume. Das Corps der peinlichsten Aufmerksamkeit unter meinem Traumkommando trifft intimer, als alle Welt es kann.

Zu hoffen, leer seist du leichter, war falsch.
Du bist ein Stein, der schwimmt, das schon.
Unterzugehen bleibt dir versagt.

Mit den Sternen singen, das reicht.
Was ist denn abends noch übrig von dir
außer Grimassen, verzischenden Flüchen,
das sich hinziehende Zähneknirschen,
die Härte des Klaviers.

Seit die Nächte ihnen gehören, sehe ich
mit Sorge den Nächten entgegen und würde
lieber nicht mehr schlafen. Die Physis
lacht, sie liefert mich ans Messer,
das ich selber bin in eurem Namen.

Ich habe mich jetzt gekreuzigt, die Nägel
sitzen, Blut fließt. Wenn das hinhaut,
wird das sicher Mode. Ich meine, wenn man dadurch
am dritten Tag aufersteht und auffährt in den Himmel,
ich bin gespannt. Vorerst tut es ziemlich weh.
Es ist vollbracht. Oder ist, wenn man's selber tut,
nichts vollbracht, sondern alles umsonst?

Auf schwarzen Wellen spielt der Glaube
wie ein Idiot. Und taub und blind.
Ich lebe von dem, was ich Ärmeren raube.
Mein Leben spinnt.

Ich möchte, dass mein Mund aufginge,
ich hörte zu dem Lied,
das mir unbekannt wäre, aber verständlich
und wohltuend und hilfreich.

Tief im Freitag ist es warm,
vor dem Himmel schützt uns ein Geräusch,
der Tod schlummert im Darm,
wie schön ist alles, wenn ich mich täusch.

Benommen von der Lebenswucht, die sich neigt
und niederdonnernd leise wird und schweigt,
Tannen streifen, Uhren wetzen zuletzt
ihre Zeiger, mir am Ohr schlummert Schmerz.

Ich habe immer Birnen gegessen
im August und September,
mit leidender Aufmerksamkeit
beobachtet von den Geranien.

Ich war der Welt nie gewachsen. Immer zu schwach
für das, was zu tun war. Und das war immer zu verbergen. Daher meine Unterwürfigkeit und Feigheit.
Gehen, als wäre ich nicht da gewesen.

An dem du hängst, den Faden lassen sie
dich nicht durchbeißen. Sie kleben dich mit Sinn
ans Leben, Sahne schlagen aus Scheiße,
dein Beruf.

Muss schön gewesen sein, auseinander
gerissen zu werden von vier Pferden,
mein kluger Folterer lässt mich jedes Mal
überleben. Er braucht mich. Arbeitslos
wär er ohne mich. Und bedankt sich nicht.

Von euren Gedanken bewohnt, verlasse ich mich.
Eine goldene Tapete ist Einsamkeit. Keinen
Freund zu haben macht mich reich. Ich predige
den Insekten, als Schmuck trag ich Diagnosen.

Nichts mehr wissen wollen von sich macht sofort unsterblich.

Im Frühling finden
im Rosengehege
wir blumige Wege,
so viele, ach, münden
im Grauen.

Unglück ist eine Konstruktion und sagt so wenig. Wenn Unglück das richtige Wort wäre, dürfte in ihm Glück nicht vorkommen.

Unglücksschärfe ätzt den Himmel weg,
Gedanken jäten wie Unkraut.
selbst die Bäume reglos im Sturm,
Gläsern die Stirn, aber blutig.

Man wird, wenn man länger allein ist
und nicht sehr aufpasst, unwillkürlich
feierlich oder säuisch. Auf jeden Fall
möchte man am liebsten verkommen.

Mir betet durch die Gedärme
der Verderb. Die Wolken ballen die Fäuste,
ich verberge mich im Licht,
preise mich an bei den Würmern,
ich liebe mich nicht.

Ich rieche. Ich weiß nicht, wonach. Aber neuerdings falle ich mir durch Geruch auf. Vielleicht hatte ich schon immer diesen Geruch, merkte ihn aber nicht, weil mir nie der Kopf so weit nach vorne auf die Brust sank. Neuerdings sinkt mir immer öfter der Kopf so weit nach vorn, dadurch hängt meine Nase fast ganz auf meinem Körper. Seitdem rieche ich mich. Und ich muss sagen, ich rieche nicht gut. Aber ich rieche das nicht ungern. Es hat etwas von Gemüse und Verwesung.

Ich wage nicht zu sagen, wie entsetzlich ich alles finde, weil ich keine Gründe anzugeben vermag.

Vom Ruhen müde,
geil vor Verdruss,
und auf dem Kopf
deine warme Mütze.

Sobald die Krise anfängt, fahren an mir nur noch gesunde Menschen vorbei. Meistens Paare. Ich, im Gefängnis, schaue hinaus auf die Gesunden, Freien und so weiter. Ich habe lebenslänglich. Und keine Kraft zur Flucht.

Ich bin ausgelaufen,
dann vertrocknet,
hat mich jemand
aufgewischt, war's Gott.

Gebimmel wär mir recht,
Böllerschießen, Juhugeschrei,
jede Sorte Volksfestlärm,
Fahnenschwingen jeder Art
und Oberbürgermeisterreden
noch und noch, meine Erlösung.

Rückschau auf der Abwärtsschräge.
Dass sich das so fassen lässt!
Häufig in Heidelberg, öfter in Köln,
einmal im Flugzeug Richtung Berlin
und natürlich in München.
Wir dösen fromm, wie andere vor uns dösten,
und tönen: Das ging aber schnell.
Das verkohlte Streichholzköpfchen
nickt uns zu, Rauchen macht fromm,
fromm durch die Städte gestolpert,
mit den Händen geredet über die Röte,
die Schwärze. Unser war der Umlaut,
den die Mundart hütet.
Wir waren die Wärme im Eis,
das Rätsel, das sich selber löst:
Der Wahnsinn ist an der Leine zu führen.

Mit den Fäusten in den Augen
habe ich diesen Tag verbracht.
Es hat schwarz und rot geregnet
in meiner Lichtlosigkeit.

Nur noch Tannen
und Schnee
und eine Frage des
Geschmacks
der Grabstein,
die Organisation des
Sterbens.

Ich muss darauf gefasst sein,
dass es sich hinzieht,
dass ich nicht mehr weiß,
was ich sage,
und in jeder Stunde,
bis zur letzten,
das Bett beschmutze.

Hast du die Arme verschränkt,
den festen Blick ins Auge geschoben,
Presslippen wie einer, der lenkt,
jetzt noch das Nichtatmen proben.

Ich will mich nicht mehr regen,
ich will ruhn,
ich will mich hinlegen,
nichts tun.

Ich finde es rechtens, dass ich sein darf,
wie ich bin. Und ihr habt das bemerkt, ihr zwei,
o Burkhard Müller, o Iris Radisch,
ihr sprecht mich nicht heilig, aber frei.
Im öden Einerlei der Welt ist es ein Wunder,
denn seit ihr erschienen seid,
geht meine Sonne nicht mehr unter.

Stark aufgewacht. Aufgewacht, mich stark gefühlt. Probiere sie nicht aus, deine Stärke. Besser, du genießt sie so. Ausprobiert, könnte sie kleiner sein, als sie sich anfühlt.

Die Witze sind ausgewandert. Es kann aber nötig sein, witzlos zu lachen. Und ansteckend. Dafür sind wir da.

Ich will das Wichtige nicht wissen,
wie der Vogel im Gebüsch gefunden wurde,
noch Federn, wäre schön, dass man sieht,
das konnte einmal fliegen.

Über mir die Orgeln,
das brausende Versprechen,
aber die Knie bluten
auf hartem Holz, es ist
vorbei, wo du die Zeit
anstichst, blutet sie.

Ich müsste die vielen zurückgelegten Kilometer mit Sitzenbleiben auswiegen, Jahre und Jahre nur sitzen.

Abends haltlos sein,
vom Leben schwer
und fallen bis zum Grund
von allen Gründen.

O ihr, ihr abgeernteten Felder,
selig du, das gedroschene Stroh,
in den Himmel gekommen sind wir,
ein farbloser Rauch und nicht mehr beißend.

Das verlange ich von mir, dass ich nicht im
Vorwurfselend verende.

Unter diesen Bäumen,
als bliebe man, und die Vögel
sind das Geschmeide der Welt,
die Welt ist der Hals einer Frau,
die geliebt wird.

Früher oder später wird alles Kunst.

Das Jahr zerfällt,
ist schon zerfallen,
zum Glück hilft kein Geld,
Unglück hilft allen.

Hüpfen können, das wär's,
auch schweben wäre schön,
überhaupt Höheres, das den Ton
umbiegt in ein Getön.

Man muss sich etwas vormachen. Ohne sich etwas vorzumachen, kann kein Mensch leben. In dem, was wir uns vormachen, unterscheiden wir uns voneinander. In nichts unterscheiden wir uns so wie in dem, was wir uns vormachen.

Es ist still. Ich will nicht wissen,
was die Stille will. Der Schnee deckt zu,
was ich nicht wissen will.
Ich kann die Augen schließen,
die weiße Last liegt auf der schwarzen.

Während noch gesungen wird, verhandle ich.
Dieses Haus ist eine Metapher. Ich verkaufe
alles. Die Zunge tastet sich vor.
Ich lache. Aber nicht im Ernst.

Es tanzen die Blätter im Wind,
wissen nicht, dass sie am Fallen sind.